PORTUGUÉS
VOCABULARIO

PALABRAS MÁS USADAS

ESPAÑOL-PORTUGUÉS

Las palabras más útiles
Para expandir su vocabulario y refinar
sus habilidades lingüísticas

5000 palabras

Vocabulario español-portugués - 5000 palabras más usadas
por Andrey Taranov

Los vocabularios de T&P Books buscan ayudar en el aprendizaje, la memorización y la revisión de palabras de idiomas extranjeros. El diccionario se divide por temas, cubriendo toda la esfera de las actividades cotidianas, de negocios, ciencias, cultura, etc.

El proceso de aprendizaje de palabras utilizando los diccionarios temáticos de T&P Books le proporcionará a usted las siguientes ventajas:

- La información del idioma secundario está organizada claramente y predetermina el éxito para las etapas subsiguientes en la memorización de palabras.
- Las palabras derivadas de la misma raíz se agrupan, lo cual permite la memorización de grupos de palabras en vez de palabras aisladas.
- Las unidades pequeñas de palabras facilitan el proceso de reconocimiento de enlaces de asociación que se necesitan para la cohesión del vocabulario.
- De este modo, se puede estimar el número de palabras aprendidas y así también el nivel de conocimiento del idioma.

Copyright © 2014 T&P Books Publishing

Todos los derechos reservados. Ninguna porción de este libro puede reproducirse o utilizarse de ninguna manera o por ningún medio; sea electrónico o mecánico, lo cual incluye la fotocopia, grabación o información almacenada y sistemas de recuperación, sin el permiso escrito de la editorial.

T&P Books Publishing
www.tpbooks.com

ISBN: 978-1-78314-037-4

Este libro está disponible en formato electrónico o de E-Book también.
Visite www.tpbooks.com o las librerías electrónicas más destacadas en la Red.

VOCABULARIO PORTUGUÉS
palabras más usadas

Los vocabularios de T&P Books buscan ayudar al aprendiz a aprender, memorizar y repasar palabras de idiomas extranjeros. Los vocabularios contienen más de 5000 palabras comúnmente usadas y organizadas de manera temática.

- El vocabulario contiene las palabras corrientes más usadas.
- Se recomienda como ayuda adicional a cualquier curso de idiomas.
- Capta las necesidades de aprendices de nivel principiante y avanzado.
- Es conveniente para uso cotidiano, prácticas de revisión y actividades de auto-evaluación.
- Facilita la evaluación del vocabulario.

Aspectos claves del vocabulario

- Las palabras se organizan según el significado, no según el orden alfabético.
- Las palabras se presentan en tres columnas para facilitar los procesos de repaso y auto-evaluación.
- Los grupos de palabras se dividen en pequeñas secciones para facilitar el proceso de aprendizaje.
- El vocabulario ofrece una transcripción sencilla y conveniente de cada palabra extranjera.

El vocabulario contiene 155 temas que incluyen lo siguiente:

Conceptos básicos, números, colores, meses, estaciones, unidades de medidas, ropa y accesorios, comida y nutrición, restaurantes, familia nuclear, familia extendida, características de personalidad, sentimientos, emociones, enfermedades, la ciudad y el pueblo, exploración del paisaje, compras, finanzas, la casa, el hogar, la oficina, el trabajo en oficina, importación y exportación, promociones, búsqueda de trabajo, deportes, educación, computación, la red, herramientas, la naturaleza, los países, las nacionalidades y más ...

TABLA DE CONTENIDO

Guía de pronunciación	9
Abreviaturas	12

CONCEPTOS BÁSICOS — 13
Conceptos básicos. Unidad 1 — 13

1. Los pronombres — 13
2. Saludos. Salutaciones. Despedidas — 13
3. Modos del trato: Como dirigirse a otras personas — 14
4. Números cardinales. Unidad 1 — 14
5. Números cardinales. Unidad 2 — 15
6. Números ordinales — 16
7. Números. Fracciones — 16
8. Números. Operaciones básicas — 16
9. Números. Miscelánea — 16
10. Los verbos más importantes. Unidad 1 — 17
11. Los verbos más importantes. Unidad 2 — 18
12. Los verbos más importantes. Unidad 3 — 19
13. Los verbos más importantes. Unidad 4 — 20
14. Los colores — 21
15. Las preguntas — 21
16. Las preposiciones — 22
17. Las palabras útiles. Los adverbios. Unidad 1 — 22
18. Las palabras útiles. Los adverbios. Unidad 2 — 24

Conceptos básicos. Unidad 2 — 26

19. Los días de la semana — 26
20. Las horas. El día y la noche — 26
21. Los meses. Las estaciones — 27
22. Las unidades de medida — 29
23. Contenedores — 30

EL SER HUMANO — 31
El ser humano. El cuerpo — 31

24. La cabeza — 31
25. El cuerpo — 32

La ropa y los accesorios — 33

26. La ropa exterior. Los abrigos — 33
27. Men's & women's clothing — 33

28. La ropa. La ropa interior	34
29. Gorras	34
30. El calzado	34
31. Accesorios personales	35
32. La ropa. Miscelánea	35
33. Productos personales. Cosméticos	36
34. Los relojes	37

La comida y la nutrición	38
35. La comida	38
36. Las bebidas	39
37. Las verduras	40
38. Las frutas. Las nueces	41
39. El pan. Los dulces	42
40. Los platos al horno	42
41. Las especies	43
42. Las comidas	44
43. Los cubiertos	45
44. El restaurante	45

La familia nuclear, los parientes y los amigos	46
45. La información personal. Los formularios	46
46. Los familiares. Los parientes	46

La medicina	48
47. Las enfermedades	48
48. Los síntomas. Los tratamientos. Unidad 1	49
49. Los síntomas. Los tratamientos. Unidad 2	50
50. Los síntomas. Los tratamientos. Unidad 3	51
51. Los médicos	52
52. La medicina. Las drogas. Los accesorios	52

EL AMBIENTE HUMANO	54
La ciudad	54
53. La ciudad. La vida en la ciudad	54
54. Las instituciones urbanas	55
55. Los avisos	56
56. El transporte urbano	57
57. La exploración del paisaje	58
58. Las compras	59
59. El dinero	60
60. La oficina de correos	61

La vivienda. La casa. El hogar	62
61. La casa. La electricidad	62

62. La villa. La mansión	62
63. El apartamento	62
64. Los muebles. El interior	63
65. Los accesorios de la cama	64
66. La cocina	64
67. El baño	65
68. Los aparatos domésticos	66

LAS ACTIVIDADES DE LA GENTE

El trabajo. Los negocios. Unidad 1 — 67

69. La oficina. El trabajo de oficina	67
70. Los métodos de los negocios. Unidad 1	68
71. Los métodos de los negocios. Unidad 2	69
72. La producción. Los trabajos	70
73. El contrato. El acuerdo	71
74. Importación y Exportación	72
75. Las finanzas	72
76. La mercadotecnia	73
77. La publicidad	74
78. La banca	74
79. El teléfono. Las conversaciones telefónicas	75
80. El teléfono celular	76
81. Los artículos de escritorio	76
82. Tipos de negocios	77

El trabajo. Los negocios. Unidad 2 — 79

83. El espectáculo. La exhibición	79
84. La ciencia. La investigación. Los científicos	80

Las profesiones y los oficios — 82

85. La búsqueda de trabajo. El despido del trabajo	82
86. Los negociantes	82
87. Los trabajos de servicio	83
88. La profesión militar y los rangos	84
89. Los oficiales. Los sacerdotes	85
90. Las profesiones agrícolas	85
91. Las profesiones artísticas	86
92. Profesiones diversas	86
93. Los trabajos. El estatus social	88

La educación — 89

94. La escuela	89
95. Los institutos. La Universidad	90
96. Las ciencias. Las disciplinas	91
97. Los sistemas de escritura. La ortografía	91
98. Los idiomas extranjeros	92

Los restaurantes. El entretenimiento. El viaje 94

99. El viaje. Viajar 94
100. El hotel 94

EL EQUIPO TÉCNICO. EL TRANSPORTE 96
El equipo técnico 96

101. El computador 96
102. El internet. El correo electrónico 97
103. La electricidad 98
104. Las herramientas 98

El transporte 101

105. El avión 101
106. El tren 102
107. El barco 103
108. El aeropuerto 104

Acontecimentos de la vida 106

109. Los días festivos. Los eventos 106
110. Los funerales. El entierro 107
111. La guerra. Los soldados 107
112. La guerra. Las maniobras militares. Unidad 1 109
113. La guerra. Las maniobras militares. Unidad 2 110
114. Las armas 111
115. Los pueblos antiguos 113
116. La edad media 114
117. El líder. El jefe. Las autoridades 115
118. Violar la ley. Los criminales. Unidad 1 116
119. Violar la ley. Los criminales. Unidad 2 117
120. La policía. La ley. Unidad 1 118
121. La policía. La ley. Unidad 2 119

LA NATURALEZA 121
La tierra. Unidad 1 121

122. El espacio 121
123. La tierra 122
124. Los puntos cardinales 123
125. El mar. El océano 123
126. Los nombres de los mares y los océanos 124
127. Las montañas 125
128. Los nombres de las montañas 126
129. Los ríos 126
130. Los nombres de los ríos 127
131. El bosque 127
132. Los recursos naturales 128

La tierra. Unidad 2   130

133. El tiempo   130
134. Los eventos climáticos severos. Los desastres naturales   131

La fauna   132

135. Los mamíferos. Los predadores   132
136. Los animales salvajes   132
137. Los animales domésticos   133
138. Los pájaros   134
139. Los peces. Los animales marinos   136
140. Los anfibios. Los reptiles   136
141. Los insectos   137

La flora   138

142. Los árboles   138
143. Los arbustos   138
144. Las frutas. Las bayas   139
145. Las flores. Las plantas   140
146. Los cereales, los granos   141

LOS PAÍSES. LAS NACIONALIDADES   142

147. Europa occidental   142
148. Europa central y oriental   142
149. Los países de la antes Unión Soviética   143
150. Asia   143
151. América del Norte   144
152. Centroamérica y Sudamérica   144
153. África   145
154. Australia. Oceanía   145
155. Las ciudades   145

GUÍA DE PRONUNCIACIÓN

La letra	Ejemplo portugués	T&P alfabeto fonético	Ejemplo español
a	patinadora	[a]	radio
ã	capitão	[ã]	nasal [a]
b	cabriolé	[b]	en barco
b [1]	acabar	[β]	jueves
c [2]	contador	[k]	charco
c [3]	injector	[s]	[k] mudo
c [4]	ambulância	[s]	salva
ç	comemoração	[s]	salva
ch	champanha	[ʃ]	shopping
d	diário	[d]	desierto
e	expressão	[ɛ], [ɛ:]	buceo
e	grau científico	[e]	verano
e	nove	[ə]	llave
f	fonética	[f]	golf
g [5]	língua	[g]	jugada
g [6]	estrangeiro	[ʒ]	adyacente
gu [7]	fogueiro	[g]	jugada
h [8]	hélice	[h]	[h] mudo
i [9]	bandeira	[i]	ilegal
i [10]	sino	[i]	ilegal
j	juntos	[ʒ]	adyacente
k [11]	empresa-broker	[k]	charco
l	bolsa	[l]	lira
lh	escolher	[ʎ]	lágrima
m [14]	menu	[m]	nombre
m [13]	passagem	[ŋ]	manga
n	piscina	[n]	número
nh	desenho	[ɲ]	leña
o [14]	escola de negócios	[o], [ɔ]	bolsa
o [15]	ciclismo	[u]	mundo
p	prato	[p]	precio
qu [16]	qualidade da imagem	[kv]	Kuala Lumpur
qu [17]	querosene	[k]	charco
r	forno	[r]	alfombra
r	resto	[ʁ]	[r] uvular fricativa sonora
s [18]	sereia	[s]	salva
ss	passado	[s]	salva
s [19]	explosivo	[z]	desde
s [20]	rede de lojas	[ʃ]	shopping
t	tordo	[t]	torre
u	truta	[u]	mundo

La letra	Ejemplo portugués	T&P alfabeto fonético	Ejemplo español
v	voar	[v]	travieso
v [21]	savana	[β]	jueves
w [22]	cow-boy	[u]	mundo
x [23]	bruxa	[ʃ]	shopping
x [24]	exercício	[gz]	inglés - exam
y	display	[j]	asiento
z [25]	amizade	[z]	desde
z [26]	giz	[ʃ]	shopping

Las combinaciones de letras

ia	embraiagem	[ja]	araña
io [27]	estado-maior	[jɔ]	yogur
io [28]	arroio	[ju]	ciudad
io [29]	aniversário	[ju]	ciudad
iu	ciumento	[ju]	ciudad
un, um	fungo, algum	[ʊn]	punto
in, im	cinco, sim	[ĩ]	minuto
en, em	cento, sempre	[ẽ]	nasal [e]

Comentarios

[1] Normalmente entre vocales
[2] antes de a, o, u y consonantes
[3] antes de b, d, p y t
[4] delante de e, I
[5] antes de a, o, u y consonantes
[6] antes de e, i
[7] antes de e, i
[8] al principio de una palabra
[9] átono entre una vocal y una consonante
[10] en las demás situaciones lingüísticas
[11] en palabras prestadas solamente
[12] antes de las vocales y las consonantes b, p
[13] antes de las consonantes y en "em," "im"
[14] tónico
[15] átono antes de a, e y en do, dos, o, os
[16] antes de a, o y ü
[17] antes de e, i
[18] al principio de una palabra
[19] entre vocales
[20] al final de una palabra
[21] Normalmente entre vocales
[22] en palabras prestadas solamente
[23] entre vocales
[24] en "ex" antes de una vocal
[25] entre vocales
[26] al final de una palabra

[27] tónico, después de vocal
[28] átono, despues de vocal
[29] átono, despues de consonante

ABREVIATURAS
usadas en el vocabulario

adj	-	adjetivo
adv	-	adverbio
anim.	-	animado
conj	-	conjunción
etc.	-	etcétera
f	-	sustantivo femenino
f pl	-	femenino plural
fam.	-	uso familiar
fem.	-	femenino
form.	-	uso formal
inanim.	-	inanimado
innum.	-	innumerable
m	-	sustantivo masculino
m pl	-	masculino plural
m, f	-	masculino, femenino
masc.	-	masculino
mat	-	matemáticas
mil.	-	militar
num.	-	numerable
p.ej.	-	por ejemplo
pl	-	plural
pron	-	pronombre
sg	-	singular
v aux	-	verbo auxiliar
vi	-	verbo intransitivo
vi, vt	-	verbo intransitivo, verbo transitivo
vr	-	verbo reflexivo
vt	-	verbo transitivo
vp	-	verbo pronominal

CONCEPTOS BÁSICOS

Conceptos básicos. Unidad 1

1. Los pronombres

yo	eu	['eu]
tú	tu	[tu]
él	ele	['ɛlə]
ella	ela	['ɛlɐ]
nosotros, -as	nós	[nɔʃ]
vosotros, -as	vocês	[vɔs'eʃ]
ellos	eles	['ɛləʃ]
ellas	elas	['ɛlɐʃ]

2. Saludos. Salutaciones. Despedidas

¡Hola! (fam.)	Olá!	[ɔl'a]
¡Hola! (form.)	Bom dia!	[bõ d'iɐ]
¡Buenos días!	Bom dia!	[bõ d'iɐ]
¡Buenas tardes!	Boa tarde!	[b'oɐ t'ardə]
¡Buenas noches!	Boa noite!	[b'oɐ n'ojtə]
decir hola	cumprimentar (vt)	[kũprimẽt'ar]
¡Hola! (a un amigo)	Olá!	[ɔl'a]
saludo (m)	saudação (f)	[seudɐs'ãu]
saludar (vt)	saudar (vt)	[seud'ar]
¿Cómo estas?	Como vai?	[k'omu v'aj]
¿Cómo estáis?	Como vai?	[k'omu v'aj]
¿Cómo estás?	Como vais?	[k'omu v'ajʃ]
¿Qué hay de nuevo?	O que há de novo?	[ukə a də n'ovu]
¡Chau! ¡Adiós!	Até à vista!	[ɐt'ɛ a v'iʃtə]
¡Hasta pronto!	Até breve!	[ɐt'ɛ br'ɛvə]
¡Adiós!	Adeus!	[ɐd'euʃ]
despedirse (vr)	despedir-se (vp)	[dəʃpəd'irsə]
¡Hasta luego!	Até logo!	[ɐt'ɛ l'ɔgu]
¡Gracias!	Obrigado! -a!	[ɔbrig'adu -ɐ]
¡Muchas gracias!	Muito obrigado! -a!	[m'ujtu ɔbrig'adu -ɐ]
De nada	Não tem de quê	[n'ãu tẽj də k'e]
No hay de qué	De nada	[də n'adɐ]
De nada	Desculpa!	[dəʃk'ulpɐ]
¡Perdóname!	Desculpe!	[dəʃk'ulpə]
¡Perdóneme!		

disculpar (vt)	desculpar (vt)	[dəʃkulp'ar]
disculparse (vr)	desculpar-se (vp)	[dəʃkulp'arsə]
Mis disculpas	As minhas desculpas	[ɐʃ m'iɲeʃ dəʃk'ulpɐʃ]
¡Perdóneme!	Desculpe!	[dəʃk'ulpə]
perdonar (vt)	desculpar (vt)	[dəʃkulp'ar]
¡No pasa nada!	Não faz mal	[n'ãu faʃ m'al]
por favor	por favor	[pur fɐv'or]
¡No se le olvide!	Não se esqueça!	[n'ãu sə əʃk'esɐ]
¡Desde luego!	Certamente!	[sɛrtem'ẽtə]
¡Claro que no!	Claro que não!	[kl'aru kə n'ãu]
¡De acuerdo!	De acordo!	[əʃt'a bẽj]
¡Basta!	Basta!	[b'aʃtɐ]

3. Modos del trato: Como dirigirse a otras personas

¡Perdóneme!	Desculpe ...	[dəʃk'ulpə]
señor	senhor	[səɲ'or]
señora	senhora	[səɲ'orɐ]
señorita	rapariga	[ʀɐpɐr'igɐ]
joven	rapaz	[ʀɐp'aʒ]
niño	menino	[mən'inu]
niña	menina	[mən'inɐ]

4. Números cardinales. Unidad 1

cero	zero	[z'ɛru]
uno	um	[ũ]
dos	dois	[dojʃ]
tres	três	[treʃ]
cuatro	quatro	[ku'atru]
cinco	cinco	[s'ĩku]
seis	seis	[s'ejʃ]
siete	sete	[s'ɛtə]
ocho	oito	['ojtu]
nueve	nove	[n'ɔvə]
diez	dez	[dɛʒ]
once	onze	['õzə]
doce	doze	[d'ozə]
trece	treze	[tr'ezə]
catorce	catorze	[kɐt'orzə]
quince	quinze	[k'ĩzə]
dieciséis	dezasseis	[dəzɐs'ejʃ]
diecisiete	dezassete	[dəzɐs'ɛtə]
dieciocho	dezoito	[dəz'ojtu]
diecinueve	dezanove	[dəzɐn'ɔvə]
veinte	vinte	[v'ĩtə]
veintiuno	vinte e um	[v'ĩtə i 'ũ]

veintidós	vinte e dois	[vĩtə i d'ojʃ]
veintitrés	vinte e três	[vĩtə i tr'eʃ]
treinta	trinta	[trĩtə]
treinta y uno	trinta e um	[trĩtə i 'ũ]
treinta y dos	trinta e dois	[trĩtə i d'ojʃ]
treinta y tres	trinta e três	[trĩtə i tr'eʃ]
cuarenta	quarenta	[kuɐr'ẽtə]
cuarenta y uno	quarenta e um	[kuɐr'ẽtə i 'ũ]
cuarenta y dos	quarenta e dois	[kuɐr'ẽtə i d'ojʃ]
cuarenta y tres	quarenta e três	[kuɐr'ẽtə i tr'eʃ]
cincuenta	cinquenta	[sĩku'ẽtə]
cincuenta y uno	cinquenta e um	[sĩku'ẽtə i 'ũ]
cincuenta y dos	cinquenta e dois	[sĩku'ẽtə i d'ojʃ]
cincuenta y tres	cinquenta e três	[sĩku'ẽtə i tr'eʃ]
sesenta	sessenta	[səs'ẽtə]
sesenta y uno	sessenta e um	[səs'ẽtə i 'ũ]
sesenta y dos	sessenta e dois	[səs'ẽtə i d'ojʃ]
sesenta y tres	sessenta e três	[səs'ẽtə i tr'eʃ]
setenta	setenta	[sət'ẽtə]
setenta y uno	setenta e um	[sət'ẽtə i 'ũ]
setenta y dos	setenta e dois	[sət'ẽtə i d'ojʃ]
setenta y tres	setenta e três	[sət'ẽtə i tr'eʃ]
ochenta	oitenta	[ojt'ẽtə]
ochenta y uno	oitenta e um	[ojt'ẽtə i 'ũ]
ochenta y dos	oitenta e dois	[ojt'ẽtə i d'ojʃ]
ochenta y tres	oitenta e três	[ojt'ẽtə i tr'eʃ]
noventa	noventa	[nuv'ẽtə]
noventa y uno	noventa e um	[nuv'ẽtə i 'ũ]
noventa y dos	noventa e dois	[nuv'ẽtə i d'ojʃ]
noventa y tres	noventa e três	[nuv'ẽtə i tr'eʃ]

5. Números cardinales. Unidad 2

cien	cem	[sẽj]
doscientos	duzentos	[duz'ẽtuʃ]
trescientos	trezentos	[trəz'ẽtuʃ]
cuatrocientos	quatrocentos	[kuatrus'ẽtuʃ]
quinientos	quinhentos	[kiɲ'ẽtuʃ]
seiscientos	seiscentos	[sejʃs'ẽtuʃ]
setecientos	setecentos	[sɛtəs'ẽtuʃ]
ochocientos	oitocentos	[ojtus'ẽtuʃ]
novecientos	novecentos	[nɔvəs'ẽtuʃ]
mil	mil	[mil]
dos mil	dois mil	[d'ojʃ mil]
tres mil	três mil	[tr'eʃ mil]

diez mil	dez mil	[dˈɛʒ mil]
cien mil	cem mil	[sẽj mil]
millón (m)	um milhão	[ũ miʎˈãu]
mil millones	mil milhões	[mil miʎˈojʃ]

6. Números ordinales

primero (adj)	primeiro	[primˈejru]
segundo (adj)	segundo	[səgˈũdu]
tercero (adj)	terceiro	[tərsˈejru]
cuarto (adj)	quarto	[kuˈartu]
quinto (adj)	quinto	[kˈĩtu]
sexto (adj)	sexto	[sˈeʃtu]
séptimo (adj)	sétimo	[sˈɛtimu]
octavo (adj)	oitavo	[ojtˈavu]
noveno (adj)	nono	[nˈonu]
décimo (adj)	décimo	[dˈɛsimu]

7. Números. Fracciones

fracción (f)	fração (f)	[frasˈãu]
un medio	um meio	[ũ mˈeju]
un tercio	um terço	[ũ tˈersu]
un cuarto	um quarto	[ũ kuˈartu]
un octavo	um oitavo	[ũ ojtˈavu]
un décimo	um décimo	[ũ dˈɛsimu]
dos tercios	dois terços	[dˈojʃ tˈersuʃ]
tres cuartos	três quartos	[treʃ kuˈartuʃ]

8. Números. Operaciones básicas

sustracción (f)	subtração (f)	[subtrasˈãu]
sustraer (vt)	subtrair (vi, vt)	[subtrɐˈir]
división (f)	divisão (f)	[divizˈãu]
dividir (vt)	dividir (vt)	[dividˈir]
adición (f)	adição (f)	[edisˈãu]
sumar (totalizar)	somar (vt)	[sumˈar]
adicionar (vt)	adicionar (vt)	[edisjunˈar]
multiplicación (f)	multiplicação (f)	[multiplikɐsˈãu]
multiplicar (vt)	multiplicar (vt)	[multiplikˈar]

9. Números. Miscelánea

cifra (f)	algarismo, dígito (m)	[algɐrˈiʒmu], [dˈiʒitu]
número (m) (~ cardinal)	número (m)	[nˈumɐru]

numeral (m)	numeral (m)	[numər'al]
menos (m)	menos (m)	[m'enuʃ]
más (m)	mais (m)	[m'ajʃ]
fórmula (f)	fórmula (f)	[f'ɔrmulɐ]

cálculo (m)	cálculo (m)	[k'alkulu]
contar (vt)	contar, calcular (vt)	[kõt'ar], [kalkul'ar]
calcular (vt)	fazer a contagem	[fɐz'er ɐ kõt'aʒẽj]
comparar (vt)	comparar (vt)	[kõpɐr'ar]

¿Cuánto? (innum.)	Quanto?	[ku'ãtu]
¿Cuánto?	Quanto?	[ku'ãtu]
¿Cuánto? (num.)	Quantos? -as?	[ku'ãtuʃ -ɐʃ]
suma (f)	soma (f)	[s'omɐ]
resultado (m)	resultado (m)	[ʀəzult'adu]
resto (m)	resto (m)	[ʀ'ɛʃtu]

unos pocos	alguns ...	[alg'ũʃ]
poco (adv)	um pouco de ...	[ũ p'oku də]
poco (num.)	poucos, poucas	[p'okuʃ], [p'okɐʃ]
poco (innum.)	um pouco ...	[ũ p'oku]
resto (m)	resto (m)	[ʀ'ɛʃtu]
uno y medio	um e meio	[ũ i m'ɐju]
docena (f)	dúzia (f)	[d'uziɐ]

en dos partes	ao meio	[au m'ɐju]
en partes iguales	em partes iguais	[ẽ p'artəʃ igu'ajʃ]
mitad (f)	metade (f)	[mət'adə]
vez (f)	vez (f)	[veʒ]

10. Los verbos más importantes. Unidad 1

abrir (vt)	abrir (vt)	[ɐbr'ir]
aconsejar (vt)	aconselhar (vt)	[ɐkõsəʎ'ar]
adivinar (vt)	adivinhar (vt)	[ɐdiviɲ'ar]
advertir (vt)	advertir (vt)	[ɐdvərt'ir]

alabarse (vr)	gabar-se (vp)	[gɐb'arsə]
almorzar (vi)	almoçar (vi)	[almus'ar]
alquilar (~ una casa)	alugar (vt)	[ɐlug'ar]
amenazar (vt)	ameaçar (vt)	[ɐmiɐs'ar]
arrepentirse (vr)	lamentar (vt)	[lɐmẽt'ar]
ayudar (vt)	ajudar (vt)	[ɐʒud'ar]

bañarse (vr)	ir nadar	[ir nɐd'ar]
bromear (vi)	fazer piadas	[fɐz'er pj'adəʃ]
buscar (vt)	buscar (vt)	[buʃk'ar]

caer (vi)	cair (vi)	[kɐ'ir]
callarse (vr)	ficar em silêncio	[fik'ar ẽ sil'ẽsiu]
cambiar (vt)	mudar (vt)	[mud'ar]
castigar (vt)	punir (vt)	[pun'ir]
cavar (vt)	cavar (vt)	[kɐv'ar]
cazar (vi, vt)	caçar (vi)	[kɐs'ar]

cenar (vi)	jantar (vi)	[ʒãt'ar]
cesar (vt)	cessar (vt)	[səs'ar]
coger (vt)	pegar (vt)	[pəg'ar]
comenzar (vt)	começar (vt)	[kuməs'ar]
comparar (vt)	comparar (vt)	[kõpɐr'ar]
comprender (vt)	compreender (vt)	[kõpriẽd'er]

confiar (vt)	confiar (vt)	[kõfj'ar]
confundir (vt)	confundir (vt)	[kõfũd'ir]
conocer (~ a alguien)	conhecer (vt)	[kuɲəs'er]
contar (vt) (enumerar)	contar (vt)	[kõt'ar]
contar con …	contar com …	[kõt'ar kõ]

continuar (vt)	continuar (vt)	[kõtinu'ar]
controlar (vt)	controlar (vt)	[kõtrul'ar]
correr (vi)	correr (vi)	[kuʀ'er]
costar (vt)	custar (vt)	[kuʃt'ar]
crear (vt)	criar (vt)	[kri'ar]

11. Los verbos más importantes. Unidad 2

dar (vt)	dar (vt)	[dar]
dar una pista	dar uma dica	[dar 'umɐ d'ikɐ]
darse prisa	estar com pressa	[əʃt'ar kõ pr'ɛsɐ]
decir (vt)	dizer (vt)	[diz'er]
decorar (para la fiesta)	decorar (vt)	[dəkur'ar]

defender (vt)	defender (vt)	[dəfẽd'er]
dejar caer	deixar cair (vt)	[dɐjʃ'ar kɐ'ir]
desayunar (vi)	tomar o pequeno-almoço	[tum'ar u pək'enu alm'osu]
descender (vi)	descer (vi)	[dəʃs'er]

dirigir (administrar)	dirigir (vt)	[diriʒ'ir]
disculpar (vt)	desculpar (vt)	[dəʃkulp'ar]
disculparse (vr)	desculpar-se (vp)	[dəʃkulp'arsə]
discutir (vt)	discutir (vt)	[diʃkut'ir]
dudar (vt)	duvidar (vt)	[duvid'ar]

encontrar (hallar)	encontrar (vt)	[ẽkõtr'ar]
engañar (vi, vt)	enganar (vt)	[ẽgɐn'ar]
entrar (vi)	entrar (vi)	[ẽtr'ar]
enviar (vt)	enviar (vt)	[ẽvj'ar]
equivocarse (vr)	errar (vi)	[ɛʀ'ar]

escoger (vt)	escolher (vt)	[əʃkuʎ'er]
esconder (vt)	esconder (vt)	[əʃkõd'er]
escribir (vt)	escrever (vt)	[əʃkrəv'er]
esperar (aguardar)	esperar (vi, vt)	[əʃpər'ar]
esperar (tener esperanza)	esperar (vt)	[əʃpər'ar]

estar (vi)	estar (vi)	[əʃt'ar]
estar de acuerdo	concordar (vt)	[kõkurd'ar]
estudiar (vt)	estudar (vt)	[əʃtud'ar]
exigir (vt)	exigir (vt)	[eziʒ'ir]

existir (vi)	existir (vi)	[eziʃt'ir]
explicar (vt)	explicar (vt)	[əʃplik'ar]
faltar (a las clases)	faltar a ...	[falt'ar ɐ]
firmar (~ el contrato)	assinar (vt)	[ɐsin'ar]
girar (~ a la izquierda)	virar (vi)	[vir'ar]
gritar (vi)	gritar (vi)	[grit'ar]
guardar (conservar)	guardar (vt)	[guɐrd'ar]
gustar (vi)	gostar (vt)	[guʃt'ar]

12. Los verbos más importantes. Unidad 3

hablar (vi, vt)	falar (vi)	[fɐl'ar]
hacer (vt)	fazer (vt)	[fɐz'er]
informar (vt)	informar (vt)	[ĩfurm'ar]
insistir (vi)	insistir (vi)	[ĩsiʃt'ir]
insultar (vt)	insultar (vt)	[ĩsult'ar]
interesarse (vr)	interessar-se (vp)	[ĩtərəs'arsə]
invitar (vt)	convidar (vt)	[kõvid'ar]
ir (a pie)	ir (vi)	[ir]
jugar (divertirse)	brincar, jogar (vi, vt)	[brĩk'ar], [ʒug'ar]
leer (vi, vt)	ler (vt)	[ler]
liberar (ciudad, etc.)	libertar (vt)	[libərt'ar]
llamar (por ayuda)	chamar (vt)	[ʃɐm'ar]
llegar (vi)	chegar (vi)	[ʃəg'ar]
llorar (vi)	chorar (vi)	[ʃur'ar]
matar (vt)	matar (vt)	[mɐt'ar]
mencionar (vt)	mencionar (vt)	[mẽsiun'ar]
mostrar (vt)	mostrar (vt)	[muʃtr'ar]
nadar (vi)	nadar (vi)	[nɐd'ar]
negarse (vr)	negar-se (vt)	[nəg'arsə]
notar (divisar)	perceber (vt)	[pərsəb'er]
objetar (vt)	objetar (vt)	[ɔbʒɛt'ar]
observar (vt)	observar (vt)	[ɔbsərv'ar]
oír (vt)	ouvir (vt)	[ov'ir]
olvidar (vt)	esquecer (vi, vt)	[əʃkɛs'er]
orar (vi)	rezar, orar (vi)	[ʀəz'ar], [ɔr'ar]
ordenar (mil.)	ordenar (vt)	[ɔrdən'ar]
pagar (vi, vt)	pagar (vt)	[pɐg'ar]
pararse (vr)	parar (vi)	[pɐr'ar]
participar (vi)	participar (vi)	[pɐrtisip'ar]
pedir (ayuda, etc.)	pedir (vt)	[pəd'ir]
pedir (en restaurante)	pedir (vt)	[pəd'ir]
pensar (vi, vt)	pensar (vt)	[pẽs'ar]
perdonar (vt)	perdoar (vt)	[pərdu'ar]
permitir (vt)	permitir (vt)	[pərmit'ir]
pertenecer a ...	pertencer (vt)	[pərtẽs'er]

planear (vt)	planear (vt)	[plɛnj'ar]
poder (v aux)	poder (v aux)	[pud'er]
poseer (vt)	possuir (vt)	[pusu'ir]

preferir (vt)	preferir (vt)	[prəfər'ir]
preguntar (vt)	perguntar (vt)	[pərgūt'ar]
preparar (la cena)	preparar (vt)	[prəper'ar]
prever (vt)	prever (vt)	[prəv'er]
prometer (vt)	prometer (vt)	[prumət'er]
pronunciar (vt)	pronunciar (vt)	[prunūsj'ar]
proponer (vt)	propor (vt)	[prup'or]

quejarse (vr)	reclamar (vi)	[Rəklɛm'ar]
querer (amar)	amar (vt)	[ɐm'ar]
querer (desear)	querer (vt)	[kər'er]

13. Los verbos más importantes. Unidad 4

recomendar (vt)	recomendar (vt)	[Rəkumẽd'ar]
regañar (vt)	repreender (vt)	[Rəpriẽd'er]
reírse (vr)	rir (vi)	[Rir]
repetir (vt)	repetir (vt)	[Rəpət'ir]
reservar (~ una mesa)	reservar (vt)	[Rəzərv'ar]
responder (vi, vt)	responder (vt)	[Rəʃpõd'er]
robar (vt)	roubar (vt)	[Rob'ar]
romper (vt)	quebrar (vt)	[kəbr'ar]

saber (~ algo mas)	saber (vt)	[sɐb'er]
salir (vi)	sair (vi)	[sɐ'ir]
salvar (vt)	salvar (vt)	[salv'ar]
seguir ...	seguir ...	[səg'ir]
sentarse (vr)	sentar-se (vp)	[sẽt'arsə]

ser (vi)	ser (vi)	[ser]
ser necesario	ser necessário	[ser nəsəs'ariu]
significar (vt)	significar (vt)	[signifik'ar]
sonreír (vi)	sorrir (vi)	[suʀ'ir]
sorprenderse (vr)	surpreender-se (vp)	[surpriẽd'ersə]
subestimar (vt)	subestimar (vt)	[subəʃtim'ar]

tener (vt)	ter (vt)	[ter]
tener hambre	ter fome	[ter f'ɔmə]
tener miedo	ter medo	[ter m'edu]
tener sed	ter sede	[ter s'edə]

terminar (vt)	terminar (vt)	[tərmin'ar]
tirar (vi)	atirar (vi)	[etir'ar]
tocar (con las manos)	tocar (vt)	[tuk'ar]
tomar (vt)	pegar (vt)	[pəg'ar]
tomar nota	anotar (vt)	[ɐnut'ar]

trabajar (vi)	trabalhar (vi)	[trɐbɐʎ'ar]
traducir (vt)	traduzir (vt)	[trɐduz'ir]
tratar (de ...)	tentar (vt)	[tẽt'ar]

unir (vt)	unir (vt)	[un'ir]
vender (vt)	vender (vt)	[vẽd'er]
ver (vt)	ver (vt)	[ver]
volar (pájaro, avión)	voar (vi)	[vu'ar]

14. Los colores

color (m)	cor (f)	[kor]
matiz (m)	matiz (m)	[mɐt'iʒ]
tono (m)	tom (m)	[tõ]
arco (m) iris	arco-íris (m)	['aɾku 'iɾiʃ]
blanco (adj)	branco	[br'ãku]
negro (adj)	preto	[pɾ'etu]
gris (adj)	cinzento	[sĩz'ẽtu]
verde (adj)	verde	[v'eɾdə]
amarillo (adj)	amarelo	[ɐmɐɾ'ɛlu]
rojo (adj)	vermelho	[vɐɾm'eʎu]
azul (adj)	azul	[ɐz'ul]
azul claro (adj)	azul claro	[ɐz'ul kl'aɾu]
rosado (adj)	cor-de-rosa	[kor də ʀ'ɔze]
anaranjado (adj)	cor de laranja	[kor də lɐɾ'ãʒe]
violeta (adj)	violeta	[viul'ete]
marrón (adj)	castanho	[kɐʃt'ɐɲu]
dorado (adj)	dourado	[doɾ'adu]
argentado (adj)	prateado	[pɾɐtj'adu]
beige (adj)	bege	[b'ɛʒə]
crema (adj)	creme	[kɾ'ɛmə]
turquesa (adj)	turquesa	[turk'eze]
rojo cereza (adj)	vermelho cereja	[vɐɾm'eʎu səɾ'eʒe]
lila (adj)	lilás	[lil'aʃ]
carmesí (adj)	carmesim	[kɐɾməz'ĩ]
claro (adj)	claro	[kl'aɾu]
oscuro (adj)	escuro	[əʃk'uɾu]
vivo (adj)	vivo	[v'ivu]
de color (lápiz ~)	de cor	[də kor]
en colores (película ~)	a cores	[ɐ k'oɾəʃ]
blanco y negro (adj)	preto e branco	[pɾ'etu i bɾ'ãku]
unicolor (adj)	de uma só cor	[də 'umɐ sɔ kor]
multicolor (adj)	multicor, multicolor	[multik'oɾ], [multikul'oɾ]

15. Las preguntas

¿Quién?	Quem?	[kẽj]
¿Qué?	Que?	[ke]
¿Dónde?	Onde?	['õdə]

¿A dónde?	Para onde?	[p'ɐɾɐ 'õdə]
¿De dónde?	De onde?	[də 'õdə]
¿Cuándo?	Quando?	[ku'ãdu]
¿Para qué?	Para quê?	[p'ɐɾɐ ke]
¿Por qué?	Porquê?	[purk'e]

¿Por qué razón?	Para quê?	[p'ɐɾɐ ke]
¿Cómo?	Como?	[k'omu]
¿Qué ...? (~ color)	Qual?	[ku'al]
¿Cuál?	Qual?	[ku'al]

¿A quién?	A quem?	[ɐ kẽj]
¿De quién? (~ hablan ...)	De quem?	[də kẽj]
¿De qué?	Do quê?	[du ke]
¿Con quién?	Com quem?	[kõ kẽj]

¿Cuánto?	Quanto?	[ku'ãtu]
¿Cuánto? (innum.)	Quanto?	[ku'ãtu]
¿Cuánto? (num.)	Quantos? -as?	[ku'ãtuʃ -ɐʃ]
¿De quién? (~ es este ...)	De quem?	[də kẽj]

16. Las preposiciones

con (~ algn)	com	[kõ]
sin (~ azúcar)	sem	[sẽj]
a (p.ej. voy a México)	a, para	[ɐ], [p'ɐɾɐ]
de (hablar ~)	sobre	[s'obrə]
antes de ...	antes de ...	['ãtəʃ də]
delante de ...	na frente de	[nɐ fr'ẽtə də]

debajo de ...	sob, debaixo de ...	[sob], [dəb'ajʃu də]
sobre ...	sobre, em cima de ...	[s'obrə], [ẽ s'imɐ də]
en, sobre (~ la mesa)	sobre, em	[s'obrə], [ẽ]
de (origen)	de	[də]
de (fabricado de)	de	[də]

dentro de ...	dentro de	[d'ẽtru də]
encima de ...	por cima de ...	[pur s'imɐ də]

17. Las palabras útiles. Los adverbios. Unidad 1

¿Dónde?	Onde?	['õdə]
aquí (adv)	aqui	[ɐk'i]
allí (adv)	lá, ali	[la], [ɐl'i]

en alguna parte	em algum lugar	[ɛn alg'ũ lug'ar]
en ninguna parte	em lugar nenhum	[ẽ lug'ar nəɲ'ũ]

junto a ...	ao pé de ...	['au pɛ də]
junto a la ventana	ao pé da janela	['au pɛ dɐ ʒɐn'ɛlɐ]
¿A dónde?	Para onde?	[p'ɐɾɐ 'õdə]
aquí (venga ~)	para cá	[p'ɐɾɐ ka]

allí (vendré ~)	para lá	[p'ɐɾɐ la]
de aquí (adv)	daqui	[dɐk'i]
de allí (adv)	de lá, dali	[də la], [dɐl'i]

| cerca (no lejos) | perto | [p'ɛɾtu] |
| lejos (adv) | longe | [l'õʒə] |

cerca de ...	perto de ...	[p'ɛɾtu də]
al lado (de ...)	ao lado de	[au l'adu də]
no lejos (adv)	perto, não fica longe	[p'ɛɾtu], [n'ɐ̃u f'ikɐ l'õʒə]

izquierdo (adj)	esquerdo	[əʃk'eɾdu]
a la izquierda (situado ~)	à esquerda	[a əʃk'eɾdɐ]
a la izquierda (girar ~)	para esquerda	[p'ɐɾɐ əʃk'eɾdɐ]

derecho (adj)	direito	[diɾ'ejtu]
a la derecha (situado ~)	à direita	[a diɾ'ejtɐ]
a la derecha (girar)	para direita	[p'ɐɾɐ diɾ'ejtɐ]

delante (yo voy ~)	à frente	[a fɾ'ẽtə]
delantero (adj)	da frente	[dɐ fɾ'ẽtə]
adelante (movimiento)	para a frente	[p'ɐɾɐ a fɾ'ẽtə]

detrás de ...	atrás de ...	[ɐtɾ'aʃ də]
desde atrás	por detrás	[puɾ dətɾ'aʃ]
atrás (da un paso ~)	para trás	[p'ɐɾɐ tɾ'aʃ]

| centro (m), medio (m) | meio (m), metade (f) | [m'eju], [mət'adə] |
| en medio (adv) | no meio | [nu m'eju] |

de costado (adv)	de lado	[də l'adu]
en todas partes	em todo lugar	[ɐ̃n t'odu lug'aɾ]
alrededor (adv)	ao redor	['au ʀəd'ɔɾ]

de dentro (adv)	de dentro	[də d'ẽtɾu]
a alguna parte	para algum lugar	[p'ɐɾɐ alg'ũ lug'aɾ]
todo derecho (adv)	diretamente	[diɾɛtɐm'ẽtə]
atrás (muévelo para ~)	de volta	[də v'ɔltɐ]

| de alguna parte (adv) | de algum lugar | [də alg'ũ lug'aɾ] |
| no se sabe de dónde | de um lugar | [də ũ lug'aɾ] |

en primer lugar	em primeiro lugar	[ẽ pɾim'ejɾu lug'aɾ]
segundo (adv)	em segundo lugar	[ẽ səg'ũdu lug'aɾ]
tercero (adv)	em terceiro lugar	[ẽ təɾs'ejɾu lug'aɾ]

de súbito (adv)	de repente	[də ʀəp'ẽtə]
al principio (adv)	inicialmente	[inisialm'ẽtə]
por primera vez	pela primeira vez	[p'elɐ pɾim'ejɾɐ v'eʒ]
mucho tiempo antes ...	muito antes de ...	[m'ujtu 'ɐ̃təʃ də]
de nuevo (adv)	novamente	[novɐm'ẽtə]
para siempre (adv)	para sempre	[p'ɐɾɐ s'ẽpɾə]

jamás (adv)	nunca	[n'ũkɐ]
de nuevo (adv)	de novo	[də n'ovu]
ahora (adv)	agora	[ɐg'ɔɾɐ]

a menudo (adv)	frequentemente	[frəkuĕtəm'ētə]
entonces (adv)	então	[ĕt'ãu]
urgentemente	urgentemente	[urʒĕtəm'ētə]
normalmente (adv)	usualmente	[uzualm'ētə]

por cierto, ...	a propósito	[ɐ prup'ɔzitu]
es probable	é possível	[ɛ pus'ivɛl]
probablemente (adv)	provavelmente	[pruvavɛlm'ētə]
es posible	talvez	[talv'eʒ]
además ...	além disso, ...	[al'ẽj d'isu]
por eso ...	por isso ...	[pur 'isu]
a pesar de ...	apesar de ...	[ɐpəz'ar də]
gracias a ...	graças a ...	[gr'asɐʃ ɐ]

qué (pron)	que	[kə]
que (conj)	que	[kə]
algo (~ le ha pasado)	algo	[algu]
algo (~ así)	alguma coisa	[alg'umɐ k'ojzɐ]
nada (f)	nada	[n'adɐ]

quien	quem	[kẽj]
alguien (viene ~)	alguém	[alg'ẽj]
alguien (¿ha llamado ~?)	alguém	[alg'ẽj]

nadie	ninguém	[nĩg'ẽj]
a ninguna parte	para lugar nenhum	[p'ɐrɐ lug'ar nəɲ'ũ]
de nadie	de ninguém	[də nĩg'ẽj]
de alguien	de alguém	[də alg'ẽj]

tan, tanto (adv)	tão	[t'ãu]
también (~ habla francés)	também	[tãb'ẽj]
también (p.ej. Yo ~)	também	[tãb'ẽj]

18. Las palabras útiles. Los adverbios. Unidad 2

¿Por qué?	Porquê?	[purk'e]
no se sabe porqué	por alguma razão	[pur alg'umɐ ʀez'ãu]
porque ...	porque ...	[p'urkə]
para algo (adv)	não se sabe para que	[n'ãu sə s'abə p'ɐrɐ kə]

y (p.ej. uno y medio)	e	[i]
o (p.ej. té o café)	ou	['ou]
pero (p.ej. me gusta, ~)	mas	[mɐʃ]
para (p.ej. es para ti)	para	[p'ɐrɐ]

demasiado (adv)	demasiado, muito	[dəmɐzi'adu], [m'ujtu]
sólo (adv)	só, somente	[sɔ], [sɔm'ētə]
exactamente (adv)	exatamente	[ezatɐm'ētə]
unos (~ 10 kg)	cerca de	[s'erkɐ də]

aproximadamente	aproximadamente	[ɐprɔsimadɐm'ētə]
aproximado (adj)	aproximado	[ɐprɔsim'adu]
casi (adv)	quase	[ku'azə]
resto (m)	resto (m)	[ʀ'ɛʃtu]

el otro (adj)	o outro	[u 'otru]
otro (p.ej. el otro día)	outro	['otru]
cada (adj)	cada	[k'edɐ]
cualquier (adj)	qualquer	[kualk'ɛr]
mucho (innum.)	muito	[m'ujtu]
mucho (num.)	muitos, muitas	[m'ujtuʃ -ɐʃ]
muchos (mucha gente)	muitas pessoas	[m'ujteʃ pəs'oɐʃ]
todos	todos	[t'oduʃ]
a cambio de ...	em troca de ...	[ẽ tr'ɔkɐ də]
en cambio (adv)	em troca	[ẽ tr'ɔkɐ]
a mano (hecho ~)	à mão	[a m'ãu]
es poco probable	é pouco provável	[ɛ p'oku pruv'avɛl]
probablemente	provavelmente	[pruvavɛlm'ẽtə]
a propósito (adv)	de propósito	[də prup'ɔzitu]
por accidente (adv)	por acidente	[pur ɐsid'ẽtə]
muy (adv)	muito	[m'ujtu]
por ejemplo (adv)	por exemplo	[pur ez'ẽplu]
entre (~ nosotros)	entre	['ẽtrə]
entre (~ otras cosas)	entre, no meio de ...	['ẽtrə], [nu m'eju də]
tanto (~ gente)	tanto	[t'ãtu]
especialmente (adv)	especialmente	[əʃpəsjalm'ẽtə]

Conceptos básicos. Unidad 2

19. Los días de la semana

lunes (m)	segunda-feira (f)	[səgˈũdɐ fˈejɾɐ]
martes (m)	terça-feira (f)	[tˈeɾsɐ fˈejɾɐ]
miércoles (m)	quarta-feira (f)	[kuˈaɾt fˈejɾɐ]
jueves (m)	quinta-feira (f)	[kˈĩtɐ fˈejɾɐ]
viernes (m)	sexta-feira (f)	[sˈeʃtɐ fˈejɾɐ]
sábado (m)	sábado (m)	[sˈabɐdu]
domingo (m)	domingo (m)	[dumˈĩgu]
hoy (adv)	hoje	[ˈoʒə]
mañana (adv)	amanhã	[amɐɲˈã]
pasado mañana	depois de amanhã	[dəpˈojʃ də amɐɲˈã]
ayer (adv)	ontem	[ˈõtẽj]
anteayer (adv)	anteontem	[ãtjˈõtẽj]
día (m)	dia (m)	[dˈiɐ]
día (m) de trabajo	dia (m) de trabalho	[dˈiɐ də trɐbˈaʎu]
día (m) de fiesta	feriado (m)	[fərjˈadu]
día (m) de descanso	dia (m) de folga	[dˈiɐ də fˈɔlgɐ]
fin (m) de semana	fim (m) de semana	[fĩ də səmˈɐnɐ]
todo el día	o dia todo	[u dˈiɐ tˈodu]
al día siguiente	no dia seguinte	[nu dˈiɐ səgˈĩtə]
dos días atrás	há dois dias	[a dˈojʃ dˈieʃ]
en vísperas (adv)	na véspera	[nɐ vˈɛʃpəɾɐ]
diario (adj)	diário	[djˈaɾiu]
cada día (adv)	todos os dias	[tˈoduʃ uʃ dˈieʃ]
semana (f)	semana (f)	[səmˈɐnɐ]
semana (f) pasada	na semana passada	[nɐ səmˈɐnɐ pɐsˈadɐ]
semana (f) que viene	na próxima semana	[nɐ prˈɔsimɐ səmˈɐnɐ]
semanal (adj)	semanal	[səmɐnˈal]
cada semana (adv)	semanalmente	[səmɐnɐlmˈẽtə]
2 veces por semana	duas vezes por semana	[dˈuɐʃ vˈezəʃ pˈuɾ səmˈɐnɐ]
todos los martes	cada terça-feira	[kˈɐdɐ teɾsɐ fˈejɾɐ]

20. Las horas. El día y la noche

mañana (f)	manhã (f)	[mɐɲˈã]
por la mañana	de manhã	[də mɐɲˈã]
mediodía (m)	meio-dia (m)	[mˈeju dˈiɐ]
por la tarde	à tarde	[a tˈaɾdə]
tarde (f)	noite (f)	[nˈojtə]
por la noche	à noite	[a nˈojtə]

noche (f)	noite (f)	[nˈojtə]
por la noche	à noite	[a nˈojtə]
medianoche (f)	meia-noite (f)	[mˈɐje nˈojtə]
segundo (m)	segundo (m)	[səgˈũdu]
minuto (m)	minuto (m)	[minˈutu]
hora (f)	hora (f)	[ˈɔrɐ]
media hora (f)	meia hora (f)	[mˈɐje ˈɔrɐ]
cuarto (m) de hora	quarto (m) de hora	[kuˈartu də ˈɔrɐ]
quince minutos	quinze minutos	[kˈĩzə minˈutuʃ]
veinticuatro horas (f pl)	vinte e quatro horas	[vˈĩtə i kuˈatru ˈɔrɐʃ]
salida (f) del sol	nascer (m) do sol	[nɐʃsˈer du sɔl]
amanecer (m)	amanhecer (m)	[ɐmɐɲəsˈer]
madrugada (f)	madrugada (f)	[mɐdrugˈadɐ]
puesta (f) del sol	pôr do sol (m)	[por du sˈɔl]
por la mañana temprano	de madrugada	[də mɐdrugˈadɐ]
esta mañana	hoje de manhã	[ˈoʒə də mɐɲˈã]
mañana por la mañana	amanhã de manhã	[amɐɲˈã də mɐɲˈã]
esta tarde	hoje à tarde	[ˈoʒə a tˈardə]
por la tarde	à tarde	[a tˈardə]
mañana por la tarde	amanhã à tarde	[amɐɲˈã a tˈardə]
esta tarde, esta noche	hoje à noite	[ˈoʒə a nˈojtə]
mañana por la noche	amanhã à noite	[amɐɲˈã a nˈojtə]
a las tres en punto	às três horas em ponto	[aʃ treʃ ˈɔreʃ ẽ pˈõtu]
a eso de las cuatro	por volta das quatro	[pur vˈɔltɐ deʃ kuˈatru]
para las doce	às doze	[aʃ dˈozə]
dentro de veinte minutos	dentro de vinte minutos	[dˈẽtru də vˈĩtə minˈutuʃ]
dentro de una hora	dentro duma hora	[dˈẽtru dˈumɐ ˈɔrɐ]
a tiempo (adv)	a tempo	[ɐ tˈẽpu]
… menos cuarto	menos um quarto	[mˈenuʃ ˈũ kuˈartu]
durante una hora	durante uma hora	[durˈãtə ˈumɐ ˈɔrɐ]
cada quince minutos	a cada quinze minutos	[ɐ kˈedɐ kˈĩzə minˈutuʃ]
día y noche	as vinte e quatro horas	[eʃ vˈĩtə i kuˈatru ˈɔrɐʃ]

21. Los meses. Las estaciones

enero (m)	janeiro (m)	[ʒɐnˈɐjru]
febrero (m)	fevereiro (m)	[fəvərˈɐjru]
marzo (m)	março (m)	[mˈarsu]
abril (m)	abril (m)	[ɐbrˈil]
mayo (m)	maio (m)	[mˈaju]
junio (m)	junho (m)	[ʒˈuɲu]
julio (m)	julho (m)	[ʒˈuʎu]
agosto (m)	agosto (m)	[ɐgˈoʃtu]
septiembre (m)	setembro (m)	[sətˈẽbru]
octubre (m)	outubro (m)	[otˈubru]

| noviembre (m) | novembro (m) | [nuv'ẽbru] |
| diciembre (m) | dezembro (m) | [dəz'ẽbru] |

primavera (f)	primavera (f)	[prim̌ɐv'ɛɾɐ]
en primavera	na primavera	[nɐ prim̌ɐv'ɛɾɐ]
de primavera (adj)	primaveril	[prim̌ɐvər'il]

verano (m)	verão (m)	[vər'ãu]
en verano	no verão	[nu vər'ãu]
de verano (adj)	de verão	[də vər'ãu]

otoño (m)	outono (m)	[ot'onu]
en otoño	no outono	[nu ot'onu]
de otoño (adj)	outonal	[otun'al]

invierno (m)	inverno (m)	[ĩv'ɛrnu]
en invierno	no inverno	[nu ĩv'ɛrnu]
de invierno (adj)	de inverno	[də ĩv'ɛrnu]

mes (m)	mês (m)	[meʃ]
este mes	este mês	['eʃtə meʃ]
al mes siguiente	no próximo mês	[nu pr'ɔsimu meʃ]
el mes pasado	no mês passado	[nu meʃ pɐs'adu]

hace un mes	há um mês	[a ũ meʃ]
dentro de una mes	dentro de um mês	[d'ẽtru də ũ meʃ]
dentro de dos meses	dentro de dois meses	[d'ẽtru də d'ojʃ m'ezəʃ]
todo el mes	durante todo o mês	[dur'ãtə t'odu u meʃ]
todo un mes	um mês inteiro	[ũ meʃ ĩt'ejru]

mensual (adj)	mensal	[mẽs'al]
mensualmente (adv)	mensalmente	[mẽsalm'ẽtə]
cada mes	cada mês	[k'ɐdɐ meʃ]
dos veces por mes	duas vezes por mês	[d'uɐʃ v'ezəʃ pur meʃ]

año (m)	ano (m)	['ɐnu]
este año	este ano	['eʃtə 'ɐnu]
el próximo año	no próximo ano	[nu pr'ɔsimu 'ɐnu]
el año pasado	no ano passado	[nu 'ɐnu pɐs'adu]

hace un año	há um ano	[a ũ 'ɐnu]
dentro de un año	dentro dum ano	[d'ẽtru dũ 'ɐnu]
dentro de dos años	dentro de 2 anos	[d'ẽtru də d'ojʃ 'ɐnuʃ]
todo el año	durante todo o ano	[dur'ãtə t'odu u 'ɐnu]
todo un año	um ano inteiro	[ũ 'ɐnu ĩt'ejru]

cada año	cada ano	[k'ɐdɐ 'ɐnu]
anual (adj)	anual	[ɐnu'al]
anualmente (adv)	anualmente	[ɐnualm'ẽtə]
cuatro veces por año	quatro vezes por ano	[ku'atru v'ezəʃ pur 'ɐnu]

fecha (f) (la ~ de hoy es …)	data (f)	[d'atɐ]
fecha (f) (~ de entrega)	data (f)	[d'atɐ]
calendario (m)	calendário (m)	[kɐlẽd'ariu]
medio año (m)	meio ano	[m'eju 'ɐnu]
seis meses	seis meses	[s'ejʃ m'ezəʃ]

| temporada (f) | estação (f) | [əʃtes'ãu] |
| siglo (m) | século (m) | [s'ɛkulu] |

22. Las unidades de medida

peso (m)	peso (m)	[p'ezu]
longitud (f)	comprimento (m)	[kõprim'ẽtu]
anchura (f)	largura (f)	[lɐrɡ'urɐ]
altura (f)	altura (f)	[alt'urɐ]
profundidad (f)	profundidade (f)	[prufũdid'adə]
volumen (m)	volume (m)	[vul'umə]
superficie (f), área (f)	área (f)	['ariɐ]

gramo (m)	grama (m)	[gr'emɐ]
miligramo (m)	miligrama (m)	[miligr'emɐ]
kilogramo (m)	quilograma (m)	[kilugr'emɐ]
tonelada (f)	tonelada (f)	[tunəl'adɐ]
libra (f)	libra (f)	[l'ibrɐ]
onza (f)	onça (f)	['õsɐ]

metro (m)	metro (m)	[m'ɛtru]
milímetro (m)	milímetro (m)	[mil'imətru]
centímetro (m)	centímetro (m)	[sẽt'imətru]
kilómetro (m)	quilómetro (m)	[kil'ɔmətru]
milla (f)	milha (f)	[m'iʎɐ]

pulgada (f)	polegada (f)	[puləɡ'adɐ]
pie (m)	pé (m)	[pɛ]
yarda (f)	jarda (f)	[ʒ'ardɐ]

| metro (m) cuadrado | metro (m) quadrado | [m'ɛtru kuɐdr'adu] |
| hectárea (f) | hectare (m) | [ɛkt'arɐ] |

litro (m)	litro (m)	[l'itru]
grado (m)	grau (m)	[gr'au]
voltio (m)	volt (m)	[v'ɔltə]
amperio (m)	ampere (m)	[ãp'ɛrɐ]
caballo (m) de fuerza	cavalo-vapor (m)	[kɐv'alu vɐp'or]

cantidad (f)	quantidade (f)	[kuãtid'adə]
un poco de ...	um pouco de ...	[ũ p'oku də]
mitad (f)	metade (f)	[mət'adə]

| docena (f) | dúzia (f) | [d'uziɐ] |
| pieza (f) | peça (f) | [p'ɛsɐ] |

| dimensión (f) | dimensão (f) | [dimẽs'ãu] |
| escala (f) (del mapa) | escala (f) | [əʃk'alɐ] |

mínimo (adj)	mínimo	[m'inimu]
el menor (adj)	menor, mais pequeno	[mən'ɔr], [m'ajʃ pək'enu]
medio (adj)	médio	[m'ɛdiu]
máximo (adj)	máximo	[m'asimu]
el más grande (adj)	maior, mais grande	[mɐj'ɔr], [m'ajʃ gr'ãdə]

23. Contenedores

tarro (m) de vidrio	boião (m) de vidro	[boj'ãu də v'idru]
lata (f) de hojalata	lata (f)	[l'atɐ]
cubo (m)	balde (m)	[b'aldə]
barril (m)	barril (m)	[bɐʀ'il]
palangana (f)	bacia (f)	[bɐs'iɐ]
tanque (m)	tanque (m)	[t'ãkə]
petaca (f) (de alcohol)	cantil (m) de bolso	[kãt'il də b'olsu]
bidón (m) de gasolina	bidão (m) de gasolina	[bid'ãu də gɐzul'inɐ]
cisterna (f)	cisterna (f)	[siʃt'ɛrnɐ]
taza (f) (mug de cerámica)	caneca (f)	[kɐn'ɛkɐ]
taza (f) (~ de café)	chávena (f)	[ʃ'avənɐ]
platillo (m)	pires (m)	[p'irəʃ]
vaso (m) (~ de agua)	copo (m)	[k'ɔpu]
copa (f) (~ de vino)	taça (m) de vinho	[t'asɐ də v'iɲu]
cacerola (f)	panela (f)	[pɐn'ɛlɐ]
botella (f)	garrafa (f)	[gɐʀ'afɐ]
cuello (m) de botella	gargalo (m)	[gɐrg'alu]
garrafa (f)	jarro, garrafa (f)	[ʒ'aʀu], [gɐʀ'afɐ]
jarro (m) (~ de agua)	jarro (m) de barro	[ʒ'aʀu də b'aʀu]
recipiente (m)	vasilhame (m)	[vɐziʎ'ɐmə]
olla (f)	pote (m)	[p'ɔtə]
florero (m)	vaso (m)	[v'azu]
frasco (m) (~ de perfume)	frasco, frasquinho (m)	[fr'aʃku], [frɐʃk'iɲu]
frasquito (m)	frasco (m)	[fr'aʃku]
tubo (m)	tubo (m)	[t'ubu]
saco (m) (~ de azúcar)	saca (f)	[s'akɐ]
bolsa (f) (~ plástica)	saco (m)	[s'aku]
paquete (m) (~ de cigarrillos)	maço (m)	[m'asu]
caja (f)	caixa (f)	[k'ajʃɐ]
cajón (m)	engradado (m)	[ẽgrɐd'adu]
cesta (f)	cesto (m), cesta (f)	[s'eʃtu], [s'eʃtɐ]

EL SER HUMANO

El ser humano. El cuerpo

24. La cabeza

cabeza (f)	cabeça (f)	[kɐb'esɐ]
cara (f)	cara (f)	[k'arɐ]
nariz (f)	nariz (m)	[nɐr'iʒ]
boca (f)	boca (f)	[b'okɐ]
ojo (m)	olho (m)	['oʎu]
ojos (m pl)	olhos (m pl)	['ɔʎuʃ]
pupila (f)	pupila (f)	[pup'ilɐ]
ceja (f)	sobrancelha (f)	[subrãs'eʎɐ]
pestaña (f)	pestana (f)	[pɐʃt'enɐ]
párpado (m)	pálpebra (f)	[p'alpɐbrɐ]
lengua (f)	língua (f)	[l'ĩguɐ]
diente (m)	dente (m)	[d'ẽtɐ]
labios (m pl)	lábios (m pl)	[l'abiuʃ]
pómulos (m pl)	maçãs (f pl) do rosto	[mɐs'ãʃ du ʀ'oʃtu]
encía (f)	gengiva (f)	[ʒẽʒ'ivɐ]
paladar (m)	céu (f) da boca	[s'ɛu dɐ b'ɔkɐ]
ventanas (f pl)	narinas (f pl)	[nɐr'inɐʃ]
mentón (m)	queixo (m)	[k'ejʃu]
mandíbula (f)	mandíbula (f)	[mãd'ibulɐ]
mejilla (f)	bochecha (f)	[buʃ'eʃɐ]
frente (f)	testa (f)	[t'ɛʃtɐ]
sien (f)	têmpora (f)	[t'ẽpurɐ]
oreja (f)	orelha (f)	[ɔr'eʎɐ]
nuca (f)	nuca (f)	[n'ukɐ]
cuello (m)	pescoço (m)	[pɐʃk'osu]
garganta (f)	garganta (f)	[gɐrg'ãtɐ]
cabello (m)	cabelos (m pl)	[kɐb'eluʃ]
peinado (m)	penteado (m)	[pẽtj'adu]
corte (m) de pelo	corte (m) de cabelo	[k'ɔrtɐ dɐ kɐb'elu]
peluca (f)	peruca (f)	[pɐr'ukɐ]
bigotes (m pl)	bigode (m)	[big'ɔdɐ]
barba (f)	barba (f)	[b'arbɐ]
tener (~ la barba)	usar, ter (vt)	[uz'ar], [ter]
trenza (f)	trança (f)	[tr'ãsɐ]
patillas (f pl)	suíças (f pl)	[su'isɐʃ]
pelirrojo (adj)	ruivo	[ʀ'ujvu]
canoso (adj)	grisalho	[griz'aʎu]

| calvo (adj) | calvo | [k'alvu] |
| calva (f) | calva (f) | [k'alvɐ] |

| cola (f) de caballo | rabo-de-cavalo (m) | [ʀabu də kɐv'alu] |
| flequillo (m) | franja (f) | [fɾ'ãʒɐ] |

25. El cuerpo

| mano (f) | mão (f) | [m'ãu] |
| brazo (m) | braço (m) | [bɾ'asu] |

dedo (m)	dedo (m)	[d'edu]
dedo (m) del pie	dedo (m)	[d'edu]
dedo (m) pulgar	polegar (m)	[puləg'aɾ]
dedo (m) meñique	dedo (m) mindinho	[d'edu mĩd'iɲu]
uña (f)	unha (f)	['uɲɐ]

puño (m)	punho (m)	[p'uɲu]
palma (f)	palma (f) da mão	[p'almɐ dɐ m'ãu]
muñeca (f)	pulso (m)	[p'ulsu]
antebrazo (m)	antebraço (m)	[ãtəbɾ'asu]
codo (m)	cotovelo (m)	[kutuv'elu]
hombro (m)	ombro (m)	['õbɾu]

pierna (f)	perna (f)	[p'ɛɾnɐ]
planta (f)	pé (m)	[pɛ]
rodilla (f)	joelho (m)	[ʒu'eʎu]
pantorrilla (f)	barriga (f) da perna	[bɐʀ'igɐ dɐ p'ɛɾnɐ]
cadera (f)	coxa (f)	[k'oʃɐ]
talón (m)	calcanhar (m)	[kalkɐɲ'aɾ]

cuerpo (m)	corpo (m)	[k'oɾpu]
vientre (m)	barriga (f)	[bɐʀ'igɐ]
pecho (m)	peito (m)	[p'ejtu]
seno (m)	seio (m)	[s'eju]
lado (m), costado (m)	lado (m)	[l'adu]
espalda (f)	costas (f pl)	[k'ɔʃtɐʃ]
cintura (f)	região (f) lombar	[ʀəʒj'ãu lõb'aɾ]
talle (m)	cintura (f)	[sĩt'uɾɐ]

ombligo (m)	umbigo (m)	[ũb'igu]
nalgas (f pl)	nádegas (f pl)	[n'adəgɐʃ]
trasero (m)	traseiro (m)	[tɾɛz'ejɾu]

lunar (m)	sinal (m)	[sin'al]
marca (f) de nacimiento	sinal (m) de nascença	[sin'al də nɐʃs'ẽsɐ]
tatuaje (m)	tatuagem (f)	[tɐtu'aʒẽj]
cicatriz (f)	cicatriz (f)	[sikɐtɾ'iʒ]

La ropa y los accesorios

26. La ropa exterior. Los abrigos

ropa (f), vestido (m)	roupa (f)	[ʀ'opɐ]
ropa (f) de calle	roupa (f) exterior	[ʀ'opɐ əʃtərj'or]
ropa (f) de invierno	roupa (f) de inverno	[ʀ'opɐ də ĩv'ɛrnu]
abrigo (m)	sobretudo (m)	[sobrət'udu]
abrigo (m) de piel	casaco (m) de peles	[kɐz'aku də p'ɛləʃ]
abrigo (m) corto de piel	casaco curto (m) de peles	[kɐz'aku k'urtu də p'ɛləʃ]
plumón (m)	colchão (m) de penas	[kɔlʃ'ãu də p'enɐʃ]
cazadora (f)	casaco, blusão (m)	[kɐz'aku], [bluz'ãu]
impermeable (m)	capa (f)	[k'apɐ]
impermeable (adj)	impermeável	[ĩpərmj'avɛl]

27. Men's & women's clothing

camisa (f)	camisa (f)	[kɐm'ize]
pantalones (m pl)	calças (f pl)	[k'alsəʃ]
vaqueros (m pl)	calças (f pl) de ganga	[k'alsəʃ də g'ãgɐ]
chaqueta (f), saco (m)	casaco (m)	[kɐz'aku]
traje (m)	fato (m)	[f'atu]
vestido (m)	vestido (m)	[vəʃt'idu]
falda (f)	saia (f)	[s'ajɐ]
blusa (f)	blusa (f)	[bl'uze]
rebeca (f)	casaco (m) de malha	[kɐz'aku də m'aʎɐ]
chaqueta (f)	casaquinho (m)	[kɐzɐk'iɲu]
camiseta (f) (T-shirt)	t-shirt, camiseta (f)	[t'iʃərt], [kɐmiz'ete]
pantalón (m) corto	calções (m pl)	[kals'ojʃ]
traje (m) deportivo	fato (m) de treino	[f'atu də tr'ejnu]
bata (f) de baño	roupão (m) de banho	[ʀop'ãu də b'ɐɲu]
pijama (f)	pijama (f)	[piʒ'emɐ]
jersey (m), suéter (m)	suéter (m)	[su'ɛtɛr]
pulóver (m)	pulôver (m)	[pul'ovɛr]
chaleco (m)	colete (m)	[kul'etə]
frac (m)	casaca (f)	[kɐz'akɐ]
esmoquin (m)	smoking (m)	[sm'okĩg]
uniforme (m)	uniforme (m)	[unif'ɔrmə]
ropa (f) de trabajo	roupa (f) de trabalho	[ʀ'opɐ də trɐb'aʎu]
mono (m)	fato-macaco (m)	[f'atu mɐk'aku]
bata (f) blanca	bata (f)	[b'ate]

28. La ropa. La ropa interior

ropa (f) interior	roupa (f) interior	[ʀ'ope ĩtɐrj'or]
bóxer (m)	cuecas boxer (f pl)	[ku'ɛkeʃ b'ɔksɐr]
bragas (f pl)	cuecas (f pl)	[ku'ɛkeʃ]
camiseta (f) interior	camisola (f) interior	[kɐmiz'ɔlɐ ĩtɐrj'or]
calcetines (m pl)	peúgas (f pl)	[pj'ugeʃ]
camisón (m)	camisa (f) de noite	[kɐm'izɐ də n'ojtə]
sostén (m)	sutiã (m)	[sutj'ã]
calcetines (m pl) altos	meias 3/4 (f pl)	[m'ejeʃ tr'eʃ ku'atru]
leotardos (m pl)	meias-calças (f pl)	[m'ejeʃ k'alseʃ]
medias (f pl)	meias (f pl)	[m'ejeʃ]
traje (m) de baño	fato (m) de banho	[f'atu də b'eɲu]

29. Gorras

gorro (m)	chapéu (m)	[ʃɐp'ɛu]
sombrero (m) de fieltro	chapéu (m) de feltro	[ʃɐp'ɛu də f'eltru]
gorra (f) de béisbol	boné (m) de beisebol	[bɔn'ɛ də b'ɛjzbɔl]
gorra (f) plana	boné (m)	[bɔn'ɛ]
boina (f)	boina (f)	[b'ɔjnɐ]
capuchón (m)	capuz (m)	[kɐp'uʃ]
panamá (m)	panamá (m)	[pɐnɐm'a]
gorro (m) de punto	gorro (m) de malha	[g'oʀu də m'aʎɐ]
pañuelo (m)	lenço (m)	[l'ẽsu]
sombrero (m) femenino	chapéu (m) de mulher	[ʃɐp'ɛu də muʎ'ɛr]
casco (m) (~ protector)	capacete (m) de proteção	[kɐpɐs'etɐ də prutɛs'ãu]
gorro (m) de campaña	bivaque (m)	[biv'akɐ]
casco (m) (~ de moto)	capacete (m)	[kɐpɐs'etɐ]
bombín (m)	chapéu (m) de coco	[ʃɐp'ɛu də k'oku]
sombrero (m) de copa	chapéu (m) alto	[ʃɐp'ɛu 'altu]

30. El calzado

calzado (m)	calçado (m)	[kals'adu]
botas (f pl)	botinas (f pl)	[but'ineʃ]
zapatos (m pl) (~ de tacón bajo)	sapatos (m pl)	[sɐp'atuʃ]
botas (f pl) altas	botas (f pl)	[b'ɔteʃ]
zapatillas (f pl)	pantufas (f pl)	[pãt'ufeʃ]
zapatos (m pl) de tenis	ténis (m pl)	[t'ɛniʃ]
zapatos (m pl) deportivos	sapatilhas (f pl)	[sɐpɐt'iʎeʃ]
sandalias (f pl)	sandálias (f pl)	[sãd'alieʃ]
zapatero (m)	sapateiro (m)	[sɐpɐt'ejru]
tacón (m)	salto (m)	[s'altu]

par (m)	par (m)	[paɾ]
cordón (m)	atacador (m)	[ɐtɐkɐd'oɾ]
encordonar (vt)	amarrar (vt)	[ɐmɐʀ'aɾ]
calzador (m)	calçadeira (f)	[kalsɐd'ɐjɾɐ]
betún (m)	graxa (f) para calçado	[gɾ'aʃɐ p'ɐɾɐ kals'adu]

31. Accesorios personales

guantes (m pl)	luvas (f pl)	[l'uvɐʃ]
manoplas (f pl)	mitenes (f pl)	[mit'ɛnɐʃ]
bufanda (f)	cachecol (m)	[kaʃɐk'ɔl]
gafas (f pl)	óculos (m pl)	['ɔkuluʃ]
montura (f)	armação (f) de óculos	[ɐɾmɐs'ɐ̃u dɐ 'ɔkuluʃ]
paraguas (m)	guarda-chuva (m)	[guaɾdɐ ʃ'uvɐ]
bastón (m)	bengala (f)	[bẽg'alɐ]
cepillo (m) de pelo	escova (f) para o cabelo	[ɐʃk'ovɐ p'ɐɾɐ u kɐb'elu]
abanico (m)	leque (m)	[l'ɛkɐ]
corbata (f)	gravata (f)	[gɾɐv'atɐ]
pajarita (f)	gravata-borboleta (f)	[gɾɐv'atɐ buɾbul'etɐ]
tirantes (m pl)	suspensórios (m pl)	[suʃpẽs'ɔɾiuʃ]
moquero (m)	lenço (m)	[l'ẽsu]
peine (m)	pente (m)	[p'ẽtɐ]
pasador (m)	travessão (m)	[tɾɐvɐs'ɐ̃u]
horquilla (f)	gancho (m) de cabelo	[g'ɐ̃ʃu dɐ kɐb'elu]
hebilla (f)	fivela (f)	[fiv'ɛlɐ]
cinturón (m)	cinto (m)	[s'ĩtu]
correa (f) (de bolso)	correia (f)	[kuʀ'ɐjɐ]
bolsa (f)	bolsa (f)	[b'olsɐ]
bolso (m)	bolsa (f) de senhora	[b'olsɐ dɐ sɐɲ'oɾɐ]
mochila (f)	mochila (f)	[muʃ'ilɐ]

32. La ropa. Miscelánea

moda (f)	moda (f)	[m'ɔdɐ]
de moda (adj)	na moda	[nɐ m'ɔdɐ]
diseñador (m) de modas	estilista (m)	[ɐʃtil'iʃtɐ]
cuello (m)	colarinho (m), gola (f)	[kulɐɾ'iɲu], [g'ɔlɐ]
bolsillo (m)	bolso (m)	[b'olsu]
de bolsillo (adj)	de bolso	[dɐ b'olsu]
manga (f)	manga (f)	[m'ɐ̃gɐ]
colgador (m)	cabide (m)	[kɐb'idɐ]
brageta (f)	braguilha (f)	[bɾɐg'iʎɐ]
cremallera (f)	fecho de correr (m)	[f'ɐʃu dɐ kuʀ'eɾ]
cierre (m)	fecho (m), colchete (m)	[f'ɐʃu], [kɔlʃ'etɐ]
botón (m)	botão (m)	[but'ɐ̃u]

ojal (m)	casa (f) de botão	[kˈaze de butˈãu]
saltar (un botón)	cair (vi)	[keˈir]
coser (vi, vt)	coser, costurar (vi)	[kuzˈer], [kuʃturˈar]
bordar (vt)	bordar (vt)	[burdˈar]
bordado (m)	bordado (m)	[burdˈadu]
aguja (f)	agulha (f)	[eɡˈuʎe]
hilo (m)	fio (m)	[fˈiu]
costura (f)	costura (f)	[kuʃtˈure]
ensuciarse (vr)	sujar-se (vp)	[suʒˈarse]
mancha (f)	mancha (f)	[mˈãʃe]
arrugarse (vr)	amarrotar-se (vp)	[emɐRutˈarse]
rasgar (vt)	rasgar (vt)	[Reʒɡˈar]
polilla (f)	traça (f)	[trˈase]

33. Productos personales. Cosméticos

pasta (f) de dientes	pasta (f) de dentes	[pˈaʃte de dˈẽteʃ]
cepillo (m) de dientes	escova (f) de dentes	[eʃkˈove de dˈẽteʃ]
limpiarse los dientes	escovar os dentes	[eʃkuvˈar uʃ dˈẽteʃ]
maquinilla (f) de afeitar	máquina (f) de barbear	[mˈakinɐ de berbiˈar]
crema (f) de afeitar	creme (m) de barbear	[krˈɛme de berbjˈar]
afeitarse (vr)	barbear-se (vp)	[berbjˈarse]
jabón (m)	sabonete (m)	[sɐbunˈete]
champú (m)	champô (m)	[ʃãpˈo]
tijeras (f pl)	tesoura (f)	[tezˈore]
lima (f) de uñas	lima (f) de unhas	[lˈime de ˈuɲeʃ]
cortaúñas (m pl)	corta-unhas (m)	[kˈɔrte ˈuɲeʃ]
pinzas (f pl)	pinça (f)	[pˈĩse]
cosméticos (m pl)	cosméticos (m pl)	[kuʒmˈɛtikuʃ]
mascarilla (f)	máscara (f)	[mˈaʃkɐre]
manicura (f)	manicura (f)	[menikˈure]
hacer la manicura	fazer a manicura	[fezˈer ɐ menikˈure]
pedicura (f)	pedicure (f)	[pedikˈure]
neceser (m) de maquillaje	bolsa (f) de maquilhagem	[bˈolse de mekiʎˈaʒẽj]
polvos (m pl)	pó (m)	[pɔ]
polvera (f)	caixa (f) de pó	[kˈajʃe de pɔ]
colorete (m), rubor (m)	blush (m)	[blɐʃ]
perfume (m)	perfume (m)	[perfˈume]
agua (f) perfumada	água (f) de toilette	[ˈague de tualˈɛte]
loción (f)	loção (m)	[lusˈãu]
agua (f) de colonia	água-de-colónia (f)	[ˈague de kulˈɔnie]
sombra (f) de ojos	sombra (f) para os olhos	[sˈõbre pˈere uʃ ˈɔʎuʃ]
lápiz (m) de ojos	lápis (m) delineador	[lˈapiʃ deliniedˈor]
rímel (m)	máscara (f), rímel (m)	[mˈaʃkɐre], [Rˈimɛl]
pintalabios (m)	batom (m)	[bˈatõ]

esmalte (m) de uñas	verniz (m) de unhas	[vɐrn'iʒ də 'uɲɐʃ]
fijador (m) (para el pelo)	laca (f) para cabelos	[l'akɐ p'erɐ kɐb'eluʃ]
desodorante (m)	desodorizante (m)	[dəzɔdɔriz'ātə]

crema (f)	creme (m)	[kr'ɛmə]
crema (f) de belleza	creme (m) de rosto	[kr'ɛmə də ʀ'oʃtu]
crema (f) de manos	creme (m) de mãos	[kr'ɛmə də m'ãuʃ]
crema (f) antiarrugas	creme (m) antirrugas	[kr'ɛmə ãtiʀ'ugɐʃ]
crema (f) de día	creme (m) de dia	[kr'ɛmə də d'iɐ]
crema (f) de noche	creme (m) de noite	[kr'ɛmə də n'ojtə]
de día (adj)	de dia	[də d'iɐ]
de noche (adj)	da noite	[də n'ojtə]

tampón (m)	tampão (m)	[tãp'ãu]
papel (m) higiénico	papel (m) higiénico	[pɐp'ɛl iʒj'ɛniku]
secador (m) de pelo	secador (m) elétrico	[səkɐd'or el'ɛtriku]

34. Los relojes

reloj (m)	relógio (m) de pulso	[ʀəl'ɔʒiu də p'ulsu]
esfera (f)	mostrador (m)	[muʃtrɐd'or]
aguja (f)	ponteiro (m)	[põt'ejru]
pulsera (f)	bracelete (f) em aço	[brɐsəl'ɛtɐ ɛn 'asu]
correa (f) (del reloj)	bracelete (f) em pele	[brɐsəl'ɛtɐ ẽ p'ɛlə]

pila (f)	pilha (f)	[p'iʎɐ]
descargarse (vr)	acabar (vi)	[ɐkɐb'ar]
cambiar la pila	trocar a pilha	[truk'ar ɐ p'iʎɐ]
adelantarse (vr)	estar adiantado	[əʃt'ar ɐdiãt'adu]
retrasarse (vr)	estar atrasado	[əʃt'ar ɐtrɐz'adu]

reloj (m) de pared	relógio (m) de parede	[ʀəl'ɔʒiu də pɐr'edə]
reloj (m) de arena	ampulheta (f)	[ãpuʎ'etɐ]
reloj (m) de sol	relógio (m) de sol	[ʀəl'ɔʒiu də sɔl]
despertador (m)	despertador (m)	[dəʃpərtɐd'or]
relojero (m)	relojoeiro (m)	[ʀəluʒu'ejru]
reparar (vt)	reparar (vt)	[ʀəpɐr'ar]

La comida y la nutrición

35. La comida

carne (f)	carne (f)	[k'arnə]
gallina (f)	galinha (f)	[gɐl'iɲɐ]
pollo (m)	frango (m)	[fr'ãgu]
pato (m)	pato (m)	[p'atu]
ganso (m)	ganso (m)	[g'ãsu]
caza (f) menor	caça (f)	[k'asɐ]
pava (f)	peru (m)	[pɐr'u]
carne (f) de cerdo	carne (f) de porco	[k'arnə də p'orku]
carne (f) de ternera	carne (f) de vitela	[k'arnə də vit'ɛlɐ]
carne (f) de carnero	carne (f) de carneiro	[k'arnə də kɐrn'ɐjru]
carne (f) de vaca	carne (f) de vaca	[k'arnə də v'akɐ]
conejo (m)	carne (f) de coelho	[k'arnə də ku'eʎu]
salchichón (m)	chouriço (m)	[ʃor'isu]
salchicha (f)	salsicha (f)	[sals'iʃɐ]
beicon (m)	bacon (m)	[b'ɐjkɐn]
jamón (m)	fiambre (f)	[fj'ãbrə]
jamón (m) fresco	presunto (m)	[prəz'ũtu]
paté (m)	patê (m)	[pɐt'e]
hígado (m)	iscas (f pl)	['iʃkɐʃ]
tocino (m)	toucinho (m)	[tos'iɲu]
carne (f) picada	carne (f) moída	[k'arnə mu'idɐ]
lengua (f)	língua (f)	[l'ĩguɐ]
huevo (m)	ovo (m)	['ovu]
huevos (m pl)	ovos (m pl)	['ɔvuʃ]
clara (f)	clara (f) do ovo	[kl'arɐ du 'ovu]
yema (f)	gema (f) do ovo	[ʒ'emɐ du 'ovu]
pescado (m)	peixe (m)	[p'ɐjʃə]
mariscos (m pl)	marisco (m)	[mɐr'iʃku]
crustáceos (m pl)	crustáceos (m pl)	[kruʃt'asluʃ]
caviar (m)	caviar (m)	[kavj'ar]
cangrejo (m) de mar	caranguejo (m)	[kɐrãg'eʒu]
camarón (m)	camarão (m)	[kɐmɐr'ãu]
ostra (f)	ostra (f)	['ɔʃtrɐ]
langosta (f)	lagosta (f)	[lɐg'oʃtɐ]
pulpo (m)	polvo (m)	[p'olvu]
calamar (m)	lula (f)	[l'ulɐ]
esturión (m)	esturjão (m)	[əʃturʒ'ãu]
salmón (m)	salmão (m)	[salm'ãu]
fletán (m)	halibute (m)	[alib'utə]

bacalao (m)	bacalhau (m)	[bɐkɐʎ'au]
caballa (f)	cavala (m), sarda (f)	[kɐv'alɐ], [s'ardɐ]
atún (m)	atum (m)	[ɐt'ũ]
anguila (f)	enguia (f)	[ẽg'iɐ]
trucha (f)	truta (f)	[tr'utɐ]
sardina (f)	sardinha (f)	[sɐrd'iɲɐ]
lucio (m)	lúcio (m)	[l'usiu]
arenque (m)	arenque (m)	[ɐr'ẽkɐ]
pan (m)	pão (m)	[p'ãu]
queso (m)	queijo (m)	[k'ejʒu]
azúcar (m)	açúcar (m)	[ɐs'ukɐr]
sal (f)	sal (m)	[sal]
arroz (m)	arroz (m)	[ɐʀ'ɔʒ]
macarrones (m pl)	massas (f pl)	[m'asɐʃ]
tallarines (m pl)	talharim (m)	[tɐʎɐr'ĩ]
mantequilla (f)	manteiga (f)	[mãt'ejgɐ]
aceite (m) vegetal	óleo (m)	['ɔliu]
aceite (m) de girasol	óleo (m) de girassol	['ɔliu dɐ ʒirɐs'ɔl]
margarina (f)	margarina (f)	[mɐrgɐr'inɐ]
olivas (f pl)	azeitonas (f pl)	[ɐzejt'onɐʒ]
aceite (m) de oliva	azeite (m)	[ɐz'ejtɐ]
leche (f)	leite (m)	[l'ejtɐ]
leche (f) condensada	leite (m) condensado	[l'ejtɐ kõdẽs'adu]
yogur (m)	iogurte (m)	[iɔg'urtɐ]
nata (f) agria	creme (m) azedo	[kr'ɛmɐ ɐz'edu]
nata (f) líquida	nata (f) do leite	[n'atɐ du l'ejtɐ]
mayonesa (f)	maionese (f)	[majun'ezɐ]
crema (f) de mantequilla	creme (m)	[kr'ɛmɐ]
cereal molido grueso	grãos (m pl) de cereais	[gr'ãuʃ dɐ sɐrj'ajʃ]
harina (f)	farinha (f)	[fɐr'iɲɐ]
conservas (f pl)	conservas (f pl)	[kõs'ɛrvɐʃ]
copos (m pl) de maíz	flocos (m pl) de milho	[fl'ɔkuʃ dɐ m'iʎu]
miel (f)	mel (m)	[mɛl]
confitura (f)	doce (m)	[d'osɐ]
chicle (m)	pastilha (f) elástica	[pɐʃt'iʎɐ el'aʃtikɐ]

36. Las bebidas

agua (f)	água (f)	['aguɐ]
agua (f) potable	água (f) potável	['aguɐ put'avɛl]
agua (f) mineral	água (f) mineral	['aguɐ minɐr'al]
sin gas	sem gás	[sẽj gaʃ]
gaseoso (adj)	gaseificada	[gɐziifik'adɐ]
con gas	com gás	[kõ gaʃ]

hielo (m)	gelo (m)	[ʒ'elu]
con hielo	com gelo	[kõ ʒ'elu]
sin alcohol	sem álcool	[sɛm 'alkuɔl]
bebida (f) sin alcohol	bebida (f) sem álcool	[bəb'idɐ sɛn 'alkuɔl]
refresco (m)	refresco (m)	[ʀəfr'eʃku]
limonada (f)	limonada (f)	[limun'adɐ]
bebidas (f pl) alcohólicas	bebidas (f pl) alcoólicas	[bəb'idɐʃ alku'ɔlikeʃ]
vino (m)	vinho (m)	[v'iɲu]
vino (m) blanco	vinho (m) branco	[v'iɲu br'ãku]
vino (m) tinto	vinho (m) tinto	[v'iɲu t'ĩtu]
licor (m)	licor (m)	[lik'or]
champaña (f)	champanhe (m)	[ʃãp'ɐɲə]
vermú (m)	vermute (m)	[vərm'utə]
whisky (m)	uísque (m)	[u'iʃkə]
vodka (m)	vodca, vodka (f)	[v'ɔdkɐ]
ginebra (f)	gim (m)	[ʒĩ]
coñac (m)	conhaque (m)	[kuɲ'akə]
ron (m)	rum (m)	[ʀũ]
café (m)	café (m)	[kɐf'ɛ]
café (m) solo	café (m) puro	[kɐf'ɛ p'uru]
café (m) con leche	café (m) com leite	[kɐf'ɛ kõ l'ejtə]
capuchino (m)	cappuccino (m)	[kaputʃ'inu]
café (m) soluble	café (m) solúvel	[kɐf'ɛ sul'uvɛl]
leche (f)	leite (m)	[l'ejtə]
cóctel (m)	coquetel (m)	[kɔkət'ɛl]
batido (m)	batido (m) de leite	[bɐt'idu də l'ejtə]
zumo (m)	sumo (m)	[s'umu]
jugo (m) de tomate	sumo (m) de tomate	[s'umu də tum'atə]
zumo (m) de naranja	sumo (m) de laranja	[s'umu də lɐr'ãʒə]
jugo (m) fresco	sumo (m) fresco	[s'umu fr'eʃku]
cerveza (f)	cerveja (f)	[sərv'eʒɐ]
cerveza (f) rubia	cerveja (f) clara	[sərv'eʒɐ kl'arɐ]
cerveza (f) negra	cerveja (m) preta	[sərv'eʒɐ pr'etɐ]
té (m)	chá (m)	[ʃa]
té (m) negro	chá (m) preto	[ʃa pr'etu]
té (m) verde	chá (m) verde	[ʃa v'erdə]

37. Las verduras

legumbres (f pl)	legumes (m pl)	[ləg'uməʃ]
verduras (f pl)	verduras (f pl)	[vərd'urɐʃ]
tomate (m)	tomate (m)	[tum'atə]
pepino (m)	pepino (m)	[pəp'inu]
zanahoria (f)	cenoura (f)	[sən'orɐ]

patata (f)	batata (f)	[bɐt'atɐ]
cebolla (f)	cebola (f)	[səb'olɐ]
ajo (m)	alho (m)	['aʎu]
col (f)	couve (f)	[k'ovə]
coliflor (f)	couve-flor (f)	[k'ovə fl'or]
col (f) de Bruselas	couve-de-bruxelas (f)	[k'ovə də bruʃ'ɛlɐʃ]
brócoli (m)	brócolos (m pl)	[br'ɔkuluʃ]
remolacha (f)	beterraba (f)	[bətəʀ'abɐ]
berenjena (f)	beringela (f)	[bərĩʒ'ɛlɐ]
calabacín (m)	curgete (f)	[kurʒ'ɛtə]
calabaza (f)	abóbora (f)	[ɐb'ɔburɐ]
nabo (m)	nabo (m)	[n'abu]
perejil (m)	salsa (f)	[s'alsɐ]
eneldo (m)	funcho, endro (m)	[f'ũʃu], ['ẽdru]
lechuga (f)	alface (f)	[alf'asə]
apio (m)	aipo (m)	['ajpu]
espárrago (m)	espargo (m)	[əʃp'argu]
espinaca (f)	espinafre (m)	[əʃpin'afrɐ]
guisante (m)	ervilha (f)	[erv'iʎɐ]
habas (f pl)	fava (f)	[f'avɐ]
maíz (m)	milho (m)	[m'iʎu]
fréjol (m)	feijão (m)	[fɐjʒ'ãu]
pimentón (m)	pimentão (m)	[pimẽt'ãu]
rábano (m)	rabanete (m)	[ʀɐbɐn'etə]
alcachofa (f)	alcachofra (f)	[alkɐʃ'ofrɐ]

38. Las frutas. Las nueces

fruto (m)	fruta (f)	[fr'utɐ]
manzana (f)	maçã (f)	[mɐs'ã]
pera (f)	pera (f)	[p'erɐ]
limón (m)	limão (m)	[lim'ãu]
naranja (f)	laranja (f)	[lɐɾ'ãʒɐ]
fresa (f)	morango (m)	[muɾ'ãgu]
mandarina (f)	tangerina (f)	[tãʒəɾ'inɐ]
ciruela (f)	ameixa (f)	[ɐm'ɐjʃɐ]
melocotón (m)	pêssego (m)	[p'esəgu]
albaricoque (m)	damasco (m)	[dɐm'aʃku]
frambuesa (f)	framboesa (f)	[frãbu'ezɐ]
ananás (m)	ananás (m)	[ɐnɐn'aʃ]
banana (f)	banana (f)	[bɐn'ɐnɐ]
sandía (f)	melancia (f)	[məlãs'iɐ]
uva (f)	uva (f)	['uvɐ]
guinda (f)	ginja (f)	[ʒ'ĩʒɐ]
cereza (f)	cereja (f)	[səɾ'ɐʒɐ]
melón (m)	meloa (f), melão (m)	[məl'oɐ], [məl'ãu]
pomelo (m)	toranja (f)	[tuɾ'ãʒɐ]

aguacate (m)	abacate (m)	[ebɐk'atə]
papaya (m)	papaia (f), mamão (m)	[pɐp'ajɐ], [mɐm'ɐ̃u]
mango (m)	manga (f)	[m'ɐ̃gɐ]
granada (f)	romã (f)	[ʀum'ɐ̃]

grosella (f) roja	groselha (f) vermelha	[gruz'eʎɐ vərm'eʎɐ]
grosella (f) negra	groselha (f) preta	[gruz'eʎɐ pr'etɐ]
grosella (f) espinosa	groselha (f) espinhosa	[gruz'eʎɐ əʃpiɲ'ɔzɐ]
arándano (m)	mirtilo (m)	[mirt'ilu]
zarzamoras (f pl)	amora silvestre (f)	[em'ɔrɐ silv'ɛʃtrə]

pasas (f pl)	uvas (f pl) passas	['uvɐʃ p'asɐʃ]
higo (m)	figo (m)	[f'igu]
dátil (m)	tâmara (f)	[t'emɐrɐ]

cacahuete (m)	amendoim (m)	[emẽdu'ĩ]
almendra (f)	amêndoa (f)	[em'ẽduɐ]
nuez (f)	noz (f)	[nɔʒ]
avellana (f)	avelã (f)	[evəl'ɐ̃]
nuez (f) de coco	coco (m)	[k'oku]
pistachos (m pl)	pistáchios (m pl)	[piʃt'aʃiuʃ]

39. El pan. Los dulces

pasteles (m pl)	pastelaria (f)	[peʃtələr'iɐ]
pan (m)	pão (m)	[p'ɐ̃u]
galletas (f pl)	bolacha (f)	[bul'aʃɐ]

chocolate (m)	chocolate (m)	[ʃukul'atə]
de chocolate (adj)	de chocolate	[də ʃukul'atə]
caramelo (m)	rebuçado (m)	[ʀəbus'adu]
tarta (f) (pequeña)	bolo (m)	[b'olu]
tarta (f) (~ de cumpleaños)	bolo (m) de aniversário	[b'olu də enivərs'ariu]

| pastel (m) (~ de manzana) | tarte (f) | [t'artə] |
| relleno (m) | recheio (m) | [ʀəʃ'eju] |

confitura (f)	doce (m)	[d'osə]
mermelada (f)	geleia (f) de frutas	[ʒəl'ejɐ də fr'utəʃ]
gofre (m)	waffle (m)	[w'ejfəl]
helado (m)	gelado (m)	[ʒəl'adu]
pudín (f)	pudim (m)	[pud'ĩ]

40. Los platos al horno

plato (m)	prato (m)	[pr'atu]
cocina (f)	cozinha (f)	[kuz'iɲɐ]
receta (f)	receita (f)	[ʀəs'ejtɐ]
porción (f)	porção (f)	[purs'ɐ̃u]

| ensalada (f) | salada (f) | [sɐl'adɐ] |
| sopa (f) | sopa (f) | [s'opɐ] |

caldo (m)	caldo (m)	[k'aldu]
bocadillo (m)	sandes (f)	[s'ãdeʃ]
huevos (m pl) fritos	ovos (m pl) estrelados	['ɔvuʃ eʃtrel'aduʃ]
chuleta (f)	croquete (m)	[kruk'ete]
hamburguesa (f)	hambúrguer (m)	[ãb'urgɛr]
bistec (m)	bife (m)	[b'ife]
asado (m)	guisado (m)	[giz'adu]
guarnición (f)	conduto (m)	[kõd'utu]
espagueti (m)	espaguete (m)	[eʃpeg'ete]
puré (m) de patatas	puré (m) de batata	[pur'ɛ de bet'ate]
pizza (f)	pizza (f)	[p'itze]
gachas (f pl)	papa (f)	[p'ape]
tortilla (f) francesa	omelete (f)	[ɔmel'ɛte]
cocido en agua (adj)	cozido	[kuz'idu]
ahumado (adj)	fumado	[fum'adu]
frito (adj)	frito	[fr'itu]
seco (adj)	seco	[s'eku]
congelado (adj)	congelado	[kõʒel'adu]
marinado (adj)	em vinagre	[ẽ vin'agre]
azucarado (adj)	doce, açucarado	[d'ose], [esuker'adu]
salado (adj)	salgado	[salg'adu]
frío (adj)	frio	[fr'iu]
caliente (adj)	quente	[k'ẽte]
amargo (adj)	amargo	[em'argu]
sabroso (adj)	gostoso	[guʃt'ozu]
cocer en agua	cozinhar em água a ferver	[kuziɲ'ar ɛn 'ague e ferv'er]
preparar (la cena)	fazer, preparar (vt)	[fez'er], [prepar'ar]
freír (vt)	fritar (vt)	[frit'ar]
calentar (vt)	aquecer (vt)	[ekɛs'er]
salar (vt)	salgar (vt)	[salg'ar]
poner pimienta	apimentar (vt)	[epimẽt'ar]
rallar (vt)	ralar (vt)	[ʀel'ar]
piel (f)	casca (f)	[k'aʃke]
pelar (vt)	descascar (vt)	[deʃkeʃk'ar]

41. Las especies

sal (f)	sal (m)	[sal]
salado (adj)	salgado	[salg'adu]
salar (vt)	salgar (vt)	[salg'ar]
pimienta (f) negra	pimenta (f) preta	[pim'ẽte pr'ete]
pimienta (f) roja	pimenta (f) vermelha	[pim'ẽte verm'eʎe]
mostaza (f)	mostarda (f)	[muʃt'arde]
rábano (m) picante	raiz-forte (f)	[ʀe'iʃ f'ɔrte]
condimento (m)	condimento (m)	[kõdim'ẽtu]
especia (f)	especiaria (f)	[eʃpesier'ie]

43

salsa (f)	molho (m)	[m'oʎu]
vinagre (m)	vinagre (m)	[vin'agrə]
anís (m)	anis (m)	[ɐn'iʃ]
albahaca (f)	manjericão (m)	[mãʒərik'ãu]
clavo (m)	cravo (m)	[kr'avu]
jengibre (m)	gengibre (m)	[ʒẽʒ'ibrə]
cilantro (m)	coentro (m)	[ku'ẽtru]
canela (f)	canela (f)	[kɐn'ɛlɐ]
sésamo (m)	sésamo (m)	[s'ɛzɐmu]
hoja (f) de laurel	folhas (f pl) de louro	[f'oʎeʃ də l'oru]
paprika (f)	páprica (f)	[p'aprikɐ]
comino (m)	cominho (m)	[kum'iɲu]
azafrán (m)	açafrão (m)	[ɐsɐfr'ãu]

42. Las comidas

comida (f)	comida (f)	[kum'idɐ]
comer (vi, vt)	comer (vt)	[kum'er]
desayuno (m)	pequeno-almoço (m)	[pɐk'enu alm'osu]
desayunar (vi)	tomar o pequeno-almoço	[tum'ar u pɐk'enu alm'osu]
almuerzo (m)	almoço (m)	[alm'osu]
almorzar (vi)	almoçar (vi)	[almus'ar]
cena (f)	jantar (m)	[ʒãt'ar]
cenar (vi)	jantar (vi)	[ʒãt'ar]
apetito (m)	apetite (m)	[ɐpɐt'itɐ]
¡Que aproveche!	Bom apetite!	[bõ ɐpɐt'itɐ]
abrir (vt)	abrir (vt)	[ɐbr'ir]
derramar (líquido)	derramar (vt)	[dəʀɐm'ar]
derramarse (líquido)	derramar-se (vp)	[dəʀɐm'arsə]
hervir (vi)	estar a ferver	[əʃt'ar ɐ fərv'er]
hervir (vt)	ferver (vt)	[fərv'er]
hervido (agua ~a)	fervido	[fərv'idu]
enfriar (vt)	arrefecer (vt)	[ɐʀəfəs'er]
enfriarse (vr)	arrefecer-se (vp)	[ɐʀəfəs'ersə]
sabor (m)	sabor, gosto (m)	[sɐb'or], [g'oʃtu]
regusto (m)	gostinho (m)	[guʃt'iɲu]
adelgazar (vi)	fazer dieta	[fɐz'er dj'ɛtɐ]
dieta (f)	dieta (f)	[dj'ɛtɐ]
vitamina (f)	vitamina (f)	[vitɐm'inɐ]
caloría (f)	caloria (f)	[kɐlur'iɐ]
vegetariano (m)	vegetariano (m)	[vəʒətərj'enu]
vegetariano (adj)	vegetariano	[vəʒətərj'enu]
grasas (f pl)	gorduras (f pl)	[gurd'urɐʃ]
proteínas (f pl)	proteínas (f pl)	[prʊte'inɐʃ]
carbohidratos (m pl)	hidratos (m pl) de carbono	[idr'atuʃ də kɐrb'ɔnu]

loncha (f)	fatia (f)	[fɐtˈiɐ]
pedazo (m)	bocado, pedaço (m)	[bukˈadu], [pədˈasu]
miga (f)	migalha (f)	[migˈaʎɐ]

43. Los cubiertos

cuchara (f)	colher (f)	[kuʎˈɛɾ]
cuchillo (m)	faca (f)	[fˈakɐ]
tenedor (m)	garfo (m)	[gˈarfu]
taza (f)	chávena (f)	[ʃˈavənɐ]
plato (m)	prato (m)	[prˈatu]
platillo (m)	pires (m)	[pˈirəʃ]
servilleta (f)	guardanapo (m)	[guɐrdɐnˈapu]
mondadientes (m)	palito (m)	[pɐlˈitu]

44. El restaurante

restaurante (m)	restaurante (m)	[ʀəʃtaurˈãtə]
cafetería (f)	café (m)	[kɐfˈɛ]
bar (m)	bar (m)	[bar]
salón (m) de té	salão (m) de chá	[sɐlˈãu də ʃa]
camarero (m)	empregado (m) de mesa	[ẽprəgˈadu də mˈezɐ]
camarera (f)	empregada (f) de mesa	[ẽprəgˈadɐ də mˈezɐ]
barman (m)	barman (m)	[bˈarmɐn]
carta (f), menú (m)	ementa (f)	[emˈẽtɐ]
carta (f) de vinos	lista (f) de vinhos	[lˈiʃtɐ də vˈiɲuʃ]
reservar una mesa	reservar uma mesa	[ʀəzɐrvˈar ˈumɐ mˈezɐ]
plato (m)	prato (m)	[prˈatu]
pedir (vt)	pedir (vt)	[pədˈir]
hacer el pedido	pedir (vi)	[pədˈir]
aperitivo (m)	aperitivo (m)	[ɐpəritˈivu]
entremés (m)	entrada (f)	[ẽtrˈadɐ]
postre (m)	sobremesa (f)	[sobrəmˈezɐ]
cuenta (f)	conta (f)	[kˈõtɐ]
pagar la cuenta	pagar a conta	[pɐgˈar ɐ kˈõtɐ]
dar la vuelta	dar o troco	[dar u trˈoku]
propina (f)	gorjeta (f)	[gurʒˈetɐ]

La familia nuclear, los parientes y los amigos

45. La información personal. Los formularios

nombre (m)	nome (m)	[n'omə]
apellido (m)	apelido (m)	[ɐpəl'idu]
fecha (f) de nacimiento	data (f) de nascimento	[d'atɐ də nɐʃsim'ẽtu]
lugar (m) de nacimiento	local (m) de nascimento	[luk'al də nɐʃsim'ẽtu]
nacionalidad (f)	nacionalidade (f)	[nɐsiunɐlid'adə]
domicilio (m)	lugar (m) de residência	[lug'ar də ʀəzid'ẽsiɐ]
país (m)	país (m)	[pɐ'iʃ]
profesión (f)	profissão (f)	[prufis'ãu]
sexo (m)	sexo (m)	[s'ɛksu]
estatura (f)	estatura (f)	[əʃtɐt'urɐ]
peso (m)	peso (m)	[p'ezu]

46. Los familiares. Los parientes

madre (f)	mãe (f)	[mẽj]
padre (m)	pai (m)	[paj]
hijo (m)	filho (m)	[f'iʎu]
hija (f)	filha (f)	[f'iʎɐ]
hija (f) menor	filha (f) mais nova	[f'iʎɐ m'ajʃ n'ɔvɐ]
hijo (m) menor	filho (m) mais novo	[f'iʎu m'ajʃ n'ovu]
hija (f) mayor	filha (f) mais velha	[f'iʎɐ m'ajʃ v'ɛʎɐ]
hijo (m) mayor	filho (m) mais velho	[f'iʎu m'ajʃ v'ɛʎu]
hermano (m)	irmão (m)	[irm'ãu]
hermano (m) mayor	irmão mais velho	[irm'ãu m'ajʃ v'ɛʎu]
hermano (m) menor	irmão mais novo	[irm'ãu m'ajʃ n'ovu]
hermana (f)	irmã (f)	[irm'ã]
hermana (f) mayor	irmã mais velha	[irm'ã m'ajʃ v'ɛʎɐ]
hermana (f) menor	irmã mais nova	[irm'ã m'ajʃ n'ɔvɐ]
primo (m)	primo (m)	[pr'imu]
prima (f)	prima (f)	[pr'imɐ]
mamá (f)	mamã (f)	[mɐm'ã]
papá (m)	papá (m)	[pɐp'a]
padres (m pl)	pais (pl)	[p'ajʃ]
niño -a (m, f)	criança (f)	[krj'ãsɐ]
niños (m pl)	crianças (f pl)	[krj'ãsɐʃ]
abuela (f)	avó (f)	[ɐv'ɔ]
abuelo (m)	avô (m)	[ɐv'o]
nieto (m)	neto (m)	[n'ɛtu]

nieta (f)	neta (f)	[nˈɛte]
nietos (m pl)	netos (pl)	[nˈɛtuʃ]

tío (m)	tio (m)	[tˈiu]
tía (f)	tia (f)	[tˈie]
sobrino (m)	sobrinho (m)	[subrˈiɲu]
sobrina (f)	sobrinha (f)	[subrˈiɲe]

suegra (f)	sogra (f)	[sˈɔgrɐ]
suegro (m)	sogro (m)	[sˈogru]
yerno (m)	genro (m)	[ʒˈẽʀu]
madrastra (f)	madrasta (f)	[mɐdrˈaʃte]
padrastro (m)	padrasto (m)	[pɐdrˈaʃtu]

niño (m) de pecho	criança (f) de colo	[krjˈãsɐ də kˈɔlu]
bebé (m)	bebé (m)	[bəbˈɛ]
chico (m)	menino (m)	[mənˈinu]

mujer (f)	mulher (f)	[muʎˈɛr]
marido (m)	marido (m)	[mɐrˈidu]
esposo (m)	esposo (m)	[əʃpˈozu]
esposa (f)	esposa (f)	[əʃpˈoze]

casado (adj)	casado	[kɐzˈadu]
casada (adj)	casada	[kɐzˈadɐ]
soltero (adj)	solteiro	[sɔltˈejru]
soltero (m)	solteirão (m)	[sɔltejrˈãu]
divorciado (adj)	divorciado	[divursjˈadu]
viuda (f)	viúva (f)	[vjˈuve]
viudo (m)	viúvo (m)	[vjˈuvu]

pariente (m)	parente (m)	[pɐrˈẽtə]
pariente (m) cercano	parente (m) próximo	[pɐrˈẽtə prˈɔsimu]
pariente (m) lejano	parente (m) distante	[pɐrˈẽtə diʃtˈãtə]
parientes (m pl)	parentes (m pl)	[pɐrˈẽtəʃ]

huérfano (m)	órfão (m)	[ˈɔrfãu]
huérfana (f)	órfã (f)	[ˈɔrfã]
tutor (m)	tutor (m)	[tutˈor]
adoptar (un niño)	adotar (vt)	[ɐdotˈar]
adoptar (una niña)	adotar (vt)	[ɐdotˈar]

La medicina

47. Las enfermedades

enfermedad (f)	doença (f)	[du'ẽsɐ]
estar enfermo	estar doente	[əʃt'ar du'ẽtə]
salud (f)	saúde (f)	[sɐ'udə]

resfriado (m) (coriza)	nariz (m) a escorrer	[nɐr'iʃ ɐ əʃkuʀ'er]
angina (f)	amigdalite (f)	[ɐmigdɐl'itə]
resfriado (m)	constipação (f)	[kõʃtipɐs'ãu]
resfriarse (vr)	constipar-se (vp)	[kõʃtip'arsə]

bronquitis (f)	bronquite (f)	[brõk'itə]
pulmonía (f)	pneumonia (f)	[pneumun'iɐ]
gripe (f)	gripe (f)	[gr'ipə]

míope (adj)	míope	[m'iupə]
présbita (adj)	presbita	[prəʒb'itə]
estrabismo (m)	estrabismo (m)	[əʃtrɐb'iʒmu]
estrábico (m) (adj)	estrábico	[əʃtr'abiku]
catarata (f)	catarata (f)	[kɐtɐr'atə]
glaucoma (f)	glaucoma (m)	[glauk'omɐ]

insulto (m)	AVC (m), apoplexia (f)	[avɛs'ɛ], [ɐpɔplɛks'iɐ]
ataque (m) cardiaco	ataque (m) cardíaco	[ɐt'akɐ kɐrd'iɐku]
infarto (m) de miocardio	enfarte (m) do miocárdio	[ẽf'artɐ du miɔk'ardiu]
parálisis (f)	paralisia (f)	[pɐrɐliz'iɐ]
paralizar (vt)	paralisar (vt)	[pɐrɐliz'ar]

alergia (f)	alergia (f)	[ɐlərʒ'iɐ]
asma (f)	asma (f)	['aʒmɐ]
diabetes (m)	diabetes (f)	[diɐb'ɛtəʃ]

dolor (m) de muelas	dor (f) de dentes	[dor də d'ẽtəʃ]
caries (f)	cárie (f)	[k'ariə]

diarrea (f)	diarreia (f)	[diɐʀ'ɐjɐ]
estreñimiento (m)	prisão (f) de ventre	[priz'ãu də v'ẽtrə]
molestia (f) estomacal	desarranjo (m) intestinal	[dəzɐʀ'ãʒu ĩtəʃtin'al]
envenenamiento (m)	intoxicação (f) alimentar	[ĩtoksikɐs'ãu ɐlimẽt'ar]
envenenarse (vr)	intoxicar-se	[ĩtoksik'arsə]

artritis (f)	artrite (f)	[ɐrtr'itə]
raquitismo (m)	raquitismo (m)	[ʀɐkit'iʒmu]
reumatismo (m)	reumatismo (m)	[ʀiumɐt'iʒmu]
ateroesclerosis (f)	arteriosclerose (f)	[ɐrtəriɔʃklər'ɔzə]

gastritis (f)	gastrite (f)	[gɐʃtr'itə]
apendicitis (f)	apendicite (f)	[ɐpẽdis'itə]

colecistitis (m)	colecistite (f)	[kulɛsiʃt'itə]
úlcera (f)	úlcera (f)	['ulsəɐ]

sarampión (m)	sarampo (m)	[sɐr'ãpu]
rubeola (f)	rubéola (f)	[ʀub'ɛulɐ]
ictericia (f)	iterícia (f)	[itɐr'isiɐ]
hepatitis (f)	hepatite (f)	[epɐt'itə]

esquizofrenia (f)	esquizofrenia (f)	[əʃkizɔfrən'iɐ]
rabia (f) (hidrofobia)	raiva (f)	[ʀ'ajvɐ]
neurosis (f)	neurose (f)	[neur'ɔzə]
conmoción (m) cerebral	comoção (f) cerebral	[kumus'ãu sərəbr'al]

cáncer (m)	cancro (m)	[k'ãkru]
esclerosis (f)	esclerose (f)	[əʃklər'ɔzə]
esclerosis (m) múltiple	esclerose (f) múltipla	[əʃklər'ɔzə m'ultiplɐ]

alcoholismo (m)	alcoolismo (m)	[alkuul'iʒmu]
alcohólico (m)	alcoólico (m)	[alku'ɔliku]
sífilis (f)	sífilis (f)	[s'ifiliʃ]
SIDA (f)	SIDA (f)	[s'idɐ]

tumor (m)	tumor (m)	[tum'or]
maligno (adj)	maligno	[mɐl'ignu]
benigno (adj)	benigno	[bən'ignu]

fiebre (f)	febre (f)	[f'ɛbrə]
malaria (f)	malária (f)	[mɐl'ariɐ]
gangrena (f)	gangrena (f)	[gãgr'enɐ]
mareo (m)	enjoo (m)	[ẽʒ'ou]
epilepsia (f)	epilepsia (f)	[epilɛps'iɐ]

epidemia (f)	epidemia (f)	[epidəm'iɐ]
tifus (m)	tifo (m)	[t'ifu]
tuberculosis (f)	tuberculose (f)	[tubɛrkul'ɔzə]
cólera (f)	cólera (f)	[k'ɔlərɐ]
peste (f)	peste (f)	[p'ɛʃtə]

48. Los síntomas. Los tratamientos. Unidad 1

síntoma (m)	sintoma (m)	[sĩt'omɐ]
temperatura (f)	temperatura (f)	[tẽpərɐt'urɐ]
fiebre (f)	febre (f)	[f'ɛbrə]
pulso (m)	pulso (m)	[p'ulsu]

mareo (m) (vértigo)	vertigem (f)	[vɐrt'iʒẽj]
caliente (adj)	quente	[k'ẽtə]
escalofrío (m)	calafrio (m)	[kɐləfr'iu]
pálido (adj)	pálido	[p'alidu]

tos (f)	tosse (f)	[t'ɔsə]
toser (vi)	tossir (vi)	[tɔs'ir]
estornudar (vi)	espirrar (vi)	[əʃpiʀ'ar]
desmayo (m)	desmaio (m)	[dəʒm'aju]

desmayarse (vr)	desmaiar (vi)	[dəʒmej'ar]
moradura (f)	nódoa (f) negra	[n'ɔduɐ n'egrɐ]
chichón (m)	galo (m)	[g'alu]
golpearse (vr)	magoar-se (vp)	[mɐgu'arsə]
magulladura (f)	pisadura (f)	[pizɐd'urɐ]
magullarse (vr)	aleijar-se (vp)	[ɐlejʒ'arsə]
cojear (vi)	coxear (vi)	[kɔksj'ar]
dislocación (f)	deslocação (f)	[dəʒlukɐs'ãu]
dislocar (vt)	deslocar (vt)	[dəʒluk'ar]
fractura (f)	fratura (f)	[frat'urɐ]
tener una fractura	fraturar (vt)	[frɐtur'ar]
corte (m) (tajo)	corte (m)	[k'ɔrtə]
cortarse (vr)	cortar-se (vp)	[kurt'arsə]
hemorragia (f)	hemorragia (f)	[emuʀeʒ'iɐ]
quemadura (f)	queimadura (f)	[kejmɐd'urɐ]
quemarse (vr)	queimar-se (vp)	[kejm'arsə]
pincharse (el dedo)	picar (vt)	[pik'ar]
pincharse (vr)	picar-se (vp)	[pik'arsə]
herir (vt)	lesionar (vt)	[ləziun'ar]
herida (f)	lesão (f)	[ləz'ãu]
lesión (f) (herida)	ferida (f), ferimento (m)	[fər'idə], [fərim'ẽtu]
trauma (m)	trauma (m)	[tr'aumɐ]
delirar (vi)	delirar (vi)	[dəlir'ar]
tartamudear (vi)	gaguejar (vi)	[gɐgəʒ'ar]
insolación (f)	insolação (f)	[ĩsulɐs'ãu]

49. Los síntomas. Los tratamientos. Unidad 2

dolor (m)	dor (f)	[dor]
astilla (f)	farpa (f)	[f'arpɐ]
sudor (m)	suor (m)	[su'ɔr]
sudar (vi)	suar (vi)	[su'ar]
vómito (m)	vómito (m)	[v'ɔmitu]
convulsiones (f)	convulsões (f pl)	[kõvuls'õjʃ]
embarazada (adj)	grávida	[gr'avidɐ]
nacer (vi)	nascer (vi)	[nɐʃs'er]
parto (m)	parto (m)	[p'artu]
dar a luz	dar à luz	[dar a luʃ]
aborto (m)	aborto (m)	[ɐb'ortu]
respiración (f)	respiração (f)	[ʀəʃpirɐs'ãu]
inspiración (f)	inspiração (f)	[ĩʃpirɐs'ãu]
espiración (f)	expiração (f)	[əʃpirɐs'ãu]
espirar (vi)	expirar (vi)	[əʃpir'ar]
inspirar (vi)	inspirar (vi)	[ĩʃpir'ar]
inválido (m)	inválido (m)	[ĩv'alidu]
mutilado (m)	aleijado (m)	[ɐlejʒ'adu]

drogadicto (m)	toxicodependente (m)	[tɔksikɔdəpēd'ētə]
sordo (adj)	surdo	[s'urdu]
mudo (adj)	mudo	[m'udu]
sordomudo (adj)	surdo-mudo	[s'urdu m'udu]
loco (adj)	louco	[l'oku]
loco (m)	louco (m)	[l'oku]
loca (f)	louca (f)	[l'okɐ]
volverse loco	ficar louco	[fik'ar l'oku]
gen (m)	gene (m)	[ʒ'ɛnə]
inmunidad (f)	imunidade (f)	[imunid'adə]
hereditario (adj)	hereditário	[erədit'ariu]
de nacimiento (adj)	congénito	[kõʒ'ɛnitu]
virus (m)	vírus (m)	[v'iruʃ]
microbio (m)	micróbio (m)	[mikr'ɔbiu]
bacteria (f)	bactéria (f)	[bakt'ɛriɐ]
infección (f)	infeção (f)	[ĩfɛs'ãu]

50. Los síntomas. Los tratamientos. Unidad 3

hospital (m)	hospital (m)	[ɔʃpit'al]
paciente (m)	paciente (m)	[pɐsj'ētə]
diagnosis (f)	diagnóstico (m)	[diɐgn'ɔʃtiku]
cura (f)	cura (f)	[k'urɐ]
tratamiento (m)	tratamento (m) médico	[trɐtɐm'ētu m'ɛdiku]
curarse (vr)	curar-se (vp)	[kur'arsə]
tratar (vt)	tratar (vt)	[trɐt'ar]
cuidar (a un enfermo)	cuidar (vt)	[kuid'ar]
cuidados (m pl)	cuidados (m pl)	[kuid'aduʃ]
operación (f)	operação (f)	[ɔpərɐs'ãu]
vendar (vt)	pôr uma ligadura	[por 'umɐ ligɐd'urɐ]
vendaje (m)	ligadura (f)	[ligɐd'urɐ]
vacunación (f)	vacinação (f)	[vɐsinɐs'ãu]
vacunar (vt)	vacinar (vt)	[vɐsin'ar]
inyección (f)	injeção (f)	[ĩʒɛs'ãu]
aplicar una inyección	dar uma injeção	[dar 'umɐ ĩʒɛs'ãu]
ataque (m)	ataque (m)	[ɐt'akə]
amputación (f)	amputação (f)	[ãputɐs'ãu]
amputar (vt)	amputar (vt)	[ãput'ar]
coma (m)	coma (m)	[k'omɐ]
estar en coma	estar em coma	[əʃt'ar ē k'omɐ]
revitalización (f)	reanimação (f)	[ʀiɐnimɐs'ãu]
recuperarse (vr)	recuperar-se (vp)	[ʀəkupər'arsə]
estado (m) (de salud)	estado (m)	[əʃt'adu]
consciencia (f)	consciência (f)	[kõʃsj'ẽsiɐ]
memoria (f)	memória (f)	[məm'ɔriɐ]
extraer (un diente)	tirar (vt)	[tir'ar]

| empaste (m) | chumbo (m), obturação (f) | [ʃũbu], [ɔbtuɾɐsˈãu] |
| empastar (vt) | chumbar, obturar (vt) | [ʃũbˈar], [ɔbturˈar] |

| hipnosis (f) | hipnose (f) | [ipnˈɔzə] |
| hipnotizar (vt) | hipnotizar (vt) | [ipnutizˈar] |

51. Los médicos

médico (m)	médico (m)	[mˈɛdiku]
enfermera (f)	enfermeira (f)	[ẽfərmˈejɾɐ]
médico (m) personal	médico (m) pessoal	[mˈɛdiku pəsuˈal]

dentista (m)	dentista (m)	[dẽtˈiʃtɐ]
oftalmólogo (m)	oculista (m)	[ɔkulˈiʃtɐ]
internista (m)	terapeuta (m)	[tərɐpˈeutɐ]
cirujano (m)	cirurgião (m)	[sirurʒjˈãu]

psiquiatra (m)	psiquiatra (m)	[psikiˈatɾɐ]
pediatra (m)	pediatra (m)	[pədjˈatɾɐ]
psicólogo (m)	psicólogo (m)	[psikˈɔlugu]
ginecólogo (m)	ginecologista (m)	[ʒinɛkuluʒˈiʃtɐ]
cardiólogo (m)	cardiologista (m)	[kɐrdiuluʒˈiʃtɐ]

52. La medicina. Las drogas. Los accesorios

medicamento (m), droga (f)	medicamento (m)	[mədikɐmˈẽtu]
remedio (m)	remédio (m)	[ʀəmˈɛdiu]
prescribir (vt)	receitar (vt)	[ʀəsejtˈar]
receta (f)	receita (f)	[ʀəsˈejtɐ]

tableta (f)	comprimido (m)	[kõprimˈidu]
ungüento (m)	pomada (f)	[pumˈadɐ]
ampolla (f)	ampola (f)	[ãpˈɔlɐ]
mixtura (f), mezcla (f)	preparado (m)	[prəpɐrˈadu]
sirope (m)	xarope (m)	[ʃɐrˈɔpə]
píldora (f)	cápsula (f)	[kˈapsulɐ]
polvo (m)	remédio (m) em pó	[ʀəmˈɛdiu ẽ pɔ]

venda (f)	ligadura (f)	[ligɐdˈuɾɐ]
algodón (m) (discos de ~)	algodão (m)	[algudˈãu]
yodo (m)	iodo (m)	[jˈodu]

tirita (f), curita (f)	penso (m) rápido	[pˈẽsu ʀˈapidu]
pipeta (f)	conta-gotas (f)	[kˈõtɐ gˈotɐʃ]
termómetro (m)	termómetro (m)	[tərmˈɔmətru]
jeringa (f)	seringa (f)	[sərˈĩgɐ]

| silla (f) de ruedas | cadeira (m) de rodas | [kɐdˈejɾɐ də ʀˈɔdɐʃ] |
| muletas (f pl) | muletas (f pl) | [mulˈetɐʃ] |

| anestésico (m) | analgésico (m) | [ɐnalʒˈɛziku] |
| purgante (m) | laxante (m) | [laʃˈãtə] |

alcohol (m)	álcool (m)	[ˈalkuɔl]
hierba (f) medicinal	ervas (f pl) medicinais	[ˈɛrvɐʃ mədisinˈajʎ]
de hierbas (té ~)	de ervas	[də ˈɛrvɐʃ]

EL AMBIENTE HUMANO

La ciudad

53. La ciudad. La vida en la ciudad

ciudad (f)	cidade (f)	[sid'adə]
capital (f)	capital (f)	[kɐpit'al]
aldea (f)	aldeia (f)	[ald'eje]
plano (m) de la ciudad	mapa (m) da cidade	[m'apɐ dɐ sid'adə]
centro (m) de la ciudad	centro (m) da cidade	[s'ẽtru dɐ sid'adə]
suburbio (m)	subúrbio (m)	[sub'urbiu]
suburbano (adj)	suburbano	[suburb'ɐnu]
arrabal (m)	periferia (f)	[pərifər'iɐ]
afueras (f pl)	arredores (m pl)	[ɐʀəd'orəʃ]
barrio (m)	quarteirão (m)	[kuɐrtɐjɾ'ɐ̃u]
zona (f) de viviendas	quarteirão (m) residencial	[kuɐrtɐjɾ'ɐ̃u ʀəzidẽsj'al]
tráfico (m)	tráfego (m)	[tɾ'afəgu]
semáforo (m)	semáforo (m)	[səm'afuɾu]
transporte (m) urbano	transporte (m) público	[trɐ̃ʃp'ɔrtə p'ubliku]
cruce (m)	cruzamento (m)	[kɾuzɐm'ẽtu]
paso (m) de peatones	passadeira (f) para peões	[pɐsɐd'ɐjɾɐ p'eɾɐ pi'ojʃ]
paso (m) subterráneo	passagem (f) subterrânea	[pɐs'aʒẽj subtəʀ'ɐniɐ]
cruzar (vt)	cruzar, atravessar (vt)	[kɾuz'ar], [ɐtɾɐvɐs'ar]
peatón (m)	peão (m)	[pj'ɐ̃u]
acera (f)	passeio (m)	[pɐs'ɐju]
puente (m)	ponte (f)	[p'õtə]
muelle (m)	marginal (f)	[mɐɾʒin'al]
fuente (f)	fonte (f)	[f'õtə]
alameda (f)	alameda (f)	[ɐlɐm'edɐ]
parque (m)	parque (m)	[p'ɑɾkʊ]
bulevar (m)	bulevar (m)	[bulɐv'ar]
plaza (f)	praça (f)	[pɾ'asɐ]
avenida (f)	avenida (f)	[ɐvən'idɐ]
calle (f)	rua (f)	[ʀ'uɐ]
callejón (m)	travessa (f)	[tɾɐv'ɛsɐ]
callejón (m) sin salida	beco (m) sem saída	[b'eku sẽ sɐ'idɐ]
casa (f)	casa (f)	[k'azɐ]
edificio (m)	edifício, prédio (m)	[edif'isiu], [pɾ'ɛdiu]
rascacielos (m)	arranha-céus (m)	[ɐʀ'ɐɲɐ s'ɛuʃ]
fachada (f)	fachada (f)	[fɐʃ'adɐ]
techo (m)	telhado (m)	[təʎ'adu]

ventana (f)	janela (f)	[ʒɐnˈɛlɐ]
arco (m)	arco (m)	[ˈarku]
columna (f)	coluna (f)	[kuˈlunɐ]
esquina (f)	esquina (f)	[ǝʃkˈinɐ]

escaparate (f)	montra (f)	[mˈõtrɐ]
letrero (m) (~ luminoso)	letreiro (m)	[lǝtrˈejru]
cartel (m)	cartaz (m)	[kɐrtˈaʃ]
cartel (m) publicitario	cartaz (m) publicitário	[kɐrtˈaʃ publisitˈariu]
valla (f) publicitaria	painel (m) publicitário	[pajnˈɛl publisitˈariu]

basura (f)	lixo (m)	[lˈiʃu]
cajón (m) de basura	cesta (f) do lixo	[sˈeʃtɐ du lˈiʃu]
tirar basura	jogar lixo na rua	[ʒugˈar lˈiʃu nɐ ʀˈuɐ]
basurero (m)	aterro (m) sanitário	[ɐtˈeʀu sɐnitˈariu]

cabina (f) telefónica	cabine (f) telefónica	[kɐbˈinɐ tǝlǝfˈɔnikɐ]
farola (f)	candeeiro (m) de rua	[kãdjˈejru dǝ ʀˈuɐ]
banco (m) (del parque)	banco (m)	[bˈãku]

policía (m)	polícia (m)	[pulˈisiɐ]
policía (f) (~ nacional)	polícia (f)	[pulˈisiɐ]
mendigo (m)	mendigo (m)	[mẽdˈigu]
persona (f) sin hogar	sem-abrigo (m)	[sɛnɐbrˈigu]

54. Las instituciones urbanas

tienda (f)	loja (f)	[lˈɔʒɐ]
farmacia (f)	farmácia (f)	[fɐrmˈasiɐ]
óptica (f)	ótica (f)	[ˈɔtikɐ]
centro (m) comercial	centro (m) comercial	[sˈẽtru kumɐrsjˈal]
supermercado (m)	supermercado (m)	[supɛrmɐrkˈadu]

panadería (f)	padaria (f)	[pɐdɐrˈiɐ]
panadero (m)	padeiro (m)	[pɐdˈejru]
pastelería (f)	pastelaria (f)	[pɐʃtɐlɐrˈiɐ]
tienda (f) de comestibles	mercearia (f)	[mɐrsiɐrˈiɐ]
carnicería (f)	talho (m)	[tˈaʎu]

verdulería (f)	loja (f) de legumes	[lˈɔʒɐ dǝ lǝgˈumǝʃ]
mercado (m)	mercado (m)	[mɐrkˈadu]

cafetería (f)	café (m)	[kɐfˈɛ]
restaurante (m)	restaurante (m)	[ʀɐʃtaurˈãtɐ]
cervecería (f)	cervejaria (f)	[sɐrvɐʒɐrˈiɐ]
pizzería (f)	pizzaria (f)	[pitzɐrˈiɐ]

peluquería (f)	salão (m) de cabeleireiro	[sɐlˈãu dɐ kɐbɐlɐjrˈejru]
oficina (f) de correos	correios (m pl)	[kuʀˈejuʃ]
tintorería (f)	lavandaria (f)	[lɐvãdɐrˈiɐ]
estudio (m) fotográfico	estúdio (m) fotográfico	[ǝʃtˈudiu futugrˈafiku]

zapatería (f)	sapataria (f)	[sɐpɐtɐrˈiɐ]
librería (f)	livraria (f)	[livrɐrˈiɐ]

tienda (f) deportiva	loja (f) de artigos de desporto	[lˈɔʒɐ dɐ ɐrtˈiguʃ dɐ dɐʃpˈortu]
arreglos (m pl) de ropa	reparação (f) de roupa	[ʀɐpɐɾɐsˈãu dɐ ʀˈopɐ]
alquiler (m) de ropa	aluguer (m) de roupa	[ɐlugˈɛr dɐ ʀˈopɐ]
videoclub (m)	aluguer (m) de filmes	[ɐlugˈɛr dɐ fˈilmɐʃ]

circo (m)	circo (m)	[sˈirku]
zoo (m)	jardim (m) zoológico	[ʒɐrdˈĩ zuulˈɔʒiku]
cine (m)	cinema (m)	[sinˈemɐ]
museo (m)	museu (m)	[muzˈeu]
biblioteca (f)	biblioteca (f)	[bibliutˈɛkɐ]

teatro (m)	teatro (m)	[tɐˈatru]
ópera (f)	ópera (f)	[ˈɔpɐɾɐ]
club (m) nocturno	clube (m) noturno	[klˈubɐ nɔtˈurnu]
casino (m)	casino (m)	[kɐzˈinu]

mezquita (f)	mesquita (f)	[mɐʃkˈitɐ]
sinagoga (f)	sinagoga (f)	[sinɐgˈɔgɐ]
catedral (f)	catedral (f)	[kɐtɐdɾˈal]
templo (m)	templo (m)	[tˈẽplu]
iglesia (f)	igreja (f)	[igɾˈeʒɐ]

instituto (m)	instituto (m)	[ĩʃtitˈutu]
universidad (f)	universidade (f)	[univɐrsidˈadɐ]
escuela (f)	escola (f)	[ɐʃkˈɔlɐ]

prefectura (f)	prefeitura (f)	[prɐfɐjtˈurɐ]
alcaldía (f)	câmara (f) municipal	[kˈemɐɾɐ munisipˈal]
hotel (m)	hotel (m)	[ɔtˈɛl]
banco (m)	banco (m)	[bˈãku]

embajada (f)	embaixada (f)	[ẽbajʃˈadɐ]
agencia (f) de viajes	agência (f) de viagens	[ɐʒˈẽsiɐ dɐ vjˈaʒẽjʃ]
oficina (f) de información	agência (f) de informações	[ɐʒˈẽsiɐ dɐ ĩfurmɐsˈojʃ]
oficina (f) de cambio	casa (f) de câmbio	[kˈazɐ dɐ kˈãbiu]

metro (m)	metro (m)	[mˈɛtru]
hospital (m)	hospital (m)	[ɔʃpitˈal]

gasolinera (f)	posto (m) de gasolina	[pˈoʃtu dɐ gɐzulˈinɐ]
aparcamiento (m)	parque (m) de estacionamento	[pˈarkɐ dɐ ɐʃtɐsiunɐmˈẽtu]

55. Los avisos

letrero (m) (~ luminoso)	letreiro (m)	[lɐtɾˈejɾu]
cartel (m) (texto escrito)	inscrição (f)	[ĩʃkɾisˈãu]
pancarta (f)	cartaz, póster (m)	[kɐrtˈaʃ], [pˈɔʃtɛɾ]
signo (m) de dirección	sinal (m) informativo	[sinˈal ĩfurmɐtˈivu]
flecha (f) (signo)	seta (f)	[sˈɛtɐ]

advertencia (f)	aviso (m), advertência (f)	[ɐvˈizu], [ɐdvɐrtˈẽsiɐ]
aviso (m)	sinal (m) de aviso	[sinˈal dɐ ɐvˈizu]

advertir (vt)	avisar, advertir (vt)	[eviz'ar], [edvərt'ir]
día (m) de descanso	dia (m) de folga	[d'iɐ də f'ɔlgɐ]
horario (m)	horário (m)	[ɔr'ariu]
horario (m) de apertura	horário (m) de funcionamento	[ɔr'ariu də fūsiunɐm'ẽtu]

¡BIENVENIDOS!	BEM-VINDOS!	[bẽjv'ĩduʃ]
ENTRADA	ENTRADA	[ẽtr'adɐ]
SALIDA	SAÍDA	[sɐ'idɐ]

EMPUJAR	EMPURRE	[ẽp'uʀɐ]
TIRAR	PUXE	[p'uʃɐ]
ABIERTO	ABERTO	[ɐb'ɛrtu]
CERRADO	FECHADO	[fɐʃ'adu]

MUJERES	MULHER	[muʎ'ɛr]
HOMBRES	HOMEM	['ɔmẽj]

REBAJAS	DESCONTOS	[dɐʃk'õtuʃ]
SALDOS	SALDOS	[s'alduʃ]
NOVEDAD	NOVIDADE!	[nuvid'adɐ]
GRATIS	GRÁTIS	[gr'atiʃ]

¡ATENCIÓN!	ATENÇÃO!	[etẽs'ãu]
COMPLETO	NÃO HÁ VAGAS	[n'ãu a v'agɐʃ]
RESERVADO	RESERVADO	[ʀɐzɐrv'adu]

ADMINISTRACIÓN	ADMINISTRAÇÃO	[edminiʃtrɐs'ãu]
SÓLO PERSONAL	SOMENTE PESSOAL	[sɔm'ẽtɐ pɐsu'al
AUTORIZADO	AUTORIZADO	auturiz'adu]

CUIDADO CON EL PERRO	CUIDADO CÃO FEROZ	[kuid'adu k'ãu fɐr'ɔʃ]
PROHIBIDO FUMAR	PROIBIDO FUMAR!	[pruib'idu fum'ar]
NO TOCAR	NÃO TOCAR	[n'ãu tuk'ar]

PELIGROSO	PERIGOSO	[pɐrig'ozu]
PELIGRO	PERIGO	[pɐr'igu]
ALTA TENSIÓN	ALTA TENSÃO	['altɐ tẽs'ãu]
PROHIBIDO BAÑARSE	PROIBIDO NADAR	[pruib'idu nɐd'ar]
NO FUNCIONA	AVARIADO	[ɐvɐrj'adu]

INFLAMABLE	INFLAMÁVEL	[ĩflɐm'avɛl]
PROHIBIDO	PROIBIDO	[pruib'idu]
PROHIBIDO EL PASO	ENTRADA PROIBIDA	[ẽtr'adɐ pruib'idɐ]
RECIÉN PINTADO	CUIDADO TINTA FRESCA	[kuid'adu t'ĩtɐ fr'eʃkɐ]

56. El transporte urbano

autobús (m)	autocarro (m)	[autɔk'aʀu]
tranvía (m)	elétrico (m)	[el'ɛtriku]
trolebús (m)	troleicarro (m)	[trulɛik'aʀu]
itinerario (m)	itinerário (m)	[itinɐr'ariu]
número (m)	número (m)	[n'umɐru]
ir en …	ir de …	[ir də]

tomar (~ el autobús)	entrar em ...	[ẽtɾ'ar ẽj]
bajar (~ del tren)	descer de ...	[dəʃs'er də]
parada (f)	paragem (f)	[peɾ'aʒẽj]
próxima parada (f)	próxima paragem (f)	[pɾɔsimɐ peɾ'aʒẽj]
parada (f) final	ponto (m) final	[p'õtu fin'al]
horario (m)	horário (m)	[ɔɾ'ariu]
esperar (aguardar)	esperar (vt)	[əʃpəɾ'ar]
billete (m)	bilhete (m)	[biʎ'etə]
precio (m) del billete	custo (m) do bilhete	[k'uʃtu du biʎ'etə]
cajero (m)	bilheteiro (m)	[biʎət'ejɾu]
control (m) de billetes	controlo (m) dos bilhetes	[kõtɾ'olu duʃ biʎ'etəʃ]
cobrador (m)	revisor (m)	[ʀəviz'or]
llegar tarde (vi)	atrasar-se (vp)	[etɾez'arsə]
perder (~ el tren)	perder (vt)	[pəɾd'er]
tener prisa	estar com pressa	[əʃt'ar kõ pɾ'ɛsɐ]
taxi (m)	táxi (m)	[t'aksi]
taxista (m)	taxista (m)	[taks'iʃtə]
en taxi	de táxi	[də t'aksi]
parada (f) de taxis	praça (f) de táxis	[pɾ'asɐ də t'aksiʃ]
llamar un taxi	chamar um táxi	[ʃɐm'ar ũ t'aksi]
tomar un taxi	apanhar um táxi	[epɐɲ'ar ũ t'aksi]
tráfico (m)	tráfego (m)	[tɾ'afəgu]
atasco (m)	engarrafamento (m)	[ẽgeʀɐfem'ẽtu]
horas (f pl) de punta	horas (f pl) de ponta	['ɔɾəʃ də p'õtɐ]
aparcar (vi)	estacionar (vi)	[əʃtesiun'ar]
aparcar (vt)	estacionar (vt)	[əʃtesiun'ar]
aparcamiento (m)	parque (m) de estacionamento	[p'arkə də əʃtɐsiunɐm'ẽtu]
metro (m)	metro (m)	[m'ɛtɾu]
estación (f)	estação (f)	[əʃtes'ãu]
ir en el metro	ir de metro	[ir də m'ɛtɾu]
tren (m)	comboio (m)	[kõb'ɔju]
estación (f)	estação (f)	[əʃtes'ãu]

57. La exploración del paisaje

monumento (m)	monumento (m)	[munum'ẽtu]
fortaleza (f)	fortaleza (f)	[fuɾtel'ezɐ]
palacio (m)	palácio (m)	[pɐl'asiu]
castillo (m)	castelo (m)	[kɐʃt'ɛlu]
torre (f)	torre (f)	[t'oʀə]
mausoleo (m)	mausoléu (m)	[mauzul'ɛu]
arquitectura (f)	arquitetura (f)	[ɐɾkitɛt'uɾɐ]
medieval (adj)	medieval	[mədiɛv'al]
antiguo (adj)	antigo	[ɐ̃t'igu]
nacional (adj)	nacional	[nɐsiun'al]

conocido (adj)	conhecido	[kuɲəs'idu]
turista (m)	turista (m)	[tur'iʃtɐ]
guía (m) (persona)	guia (m)	[g'iɐ]
excursión (f)	excursão (f)	[əʃkurs'ãu]
mostrar (vt)	mostrar (vt)	[muʃtr'ar]
contar (una historia)	contar (vt)	[kõt'ar]
encontrar (hallar)	encontrar (vt)	[ẽkõtr'ar]
perderse (vr)	perder-se (vp)	[pərd'ersə]
plano (m) (~ de metro)	mapa (m)	[m'apɐ]
mapa (m) (~ de la ciudad)	mapa (m)	[m'apɐ]
recuerdo (m)	lembrança (f), presente (m)	[lẽbr'ãsɐ], [prəz'ẽtə]
tienda (f) de regalos	loja (f) de presentes	[l'ɔʒɐ də prəz'ẽtəʃ]
hacer fotos	fotografar (vt)	[futugref'ar]
fotografiarse (vr)	fotografar-se	[futugref'arsə]

58. Las compras

comprar (vt)	comprar (vt)	[kõpr'ar]
compra (f)	compra (f)	[k'õprɐ]
hacer compras	fazer compras	[fəz'er k'õprɐʃ]
compras (f pl)	compras (f pl)	[k'õprɐʃ]
estar abierto (tienda)	estar aberta	[əʃt'ar əb'ɛrtɐ]
estar cerrado	estar fechada	[əʃt'ar fəʃ'adɐ]
calzado (m)	calçado (m)	[kals'adu]
ropa (f), vestido (m)	roupa (f)	[ʀ'opɐ]
cosméticos (m pl)	cosméticos (m pl)	[kuʒm'ɛtikuʃ]
productos alimenticios	alimentos (m pl)	[ɐlim'ẽtuʃ]
regalo (m)	presente (m)	[prəz'ẽtə]
vendedor (m)	vendedor (m)	[vẽdəd'or]
vendedora (f)	vendedora (f)	[vẽdəd'orɐ]
caja (f)	caixa (f)	[k'ajʃɐ]
espejo (m)	espelho (m)	[əʃp'ɐʎu]
mostrador (m)	balcão (m)	[balk'ãu]
probador (m)	cabine (f) de provas	[kɐb'inə də pr'ɔvəʃ]
probar (un vestido)	provar (vt)	[pruv'ar]
quedar (una ropa, etc.)	servir (vi)	[sərv'ir]
gustar (vi)	gostar (vt)	[guʃt'ar]
precio (m)	preço (m)	[pr'esu]
etiqueta (f) de precio	etiqueta (f) de preço	[etik'etɐ də pr'esu]
costar (vt)	custar (vt)	[kuʃt'ar]
¿Cuánto?	Quanto?	[ku'ãtu]
descuento (m)	desconto (m)	[dəʃk'õtu]
no costoso (adj)	não caro	[n'ãu k'aru]
barato (adj)	barato	[bər'atu]
caro (adj)	caro	[k'aru]

Es caro	É caro	[ɛ kˈaru]
alquiler (m)	aluguer (m)	[ɐlugˈɛɾ]
alquilar (vt)	alugar (vt)	[ɐlugˈaɾ]
crédito (m)	crédito (m)	[kɾˈɛditu]
a crédito (adv)	a crédito	[ɐ kɾˈɛditu]

59. El dinero

dinero (m)	dinheiro (m)	[diɲˈejɾu]
cambio (m)	câmbio (m)	[kˈãbiu]
curso (m)	taxa (f) de câmbio	[tˈaʃɐ dɐ kˈãbiu]
cajero (m) automático	Caixa Multibanco (m)	[kˈajʃɐ multibˈãku]
moneda (f)	moeda (f)	[muˈɛdɐ]

| dólar (m) | dólar (m) | [dˈɔlaɾ] |
| euro (m) | euro (m) | [ˈeuɾu] |

lira (f)	lira (f)	[lˈiɾɐ]
marco (m) alemán	marco (m)	[mˈaɾku]
franco (m)	franco (m)	[fɾˈãku]
libra esterlina (f)	libra (f) esterlina	[lˈibɾɐ ɐʃtɐɾlˈinɐ]
yen (m)	iene (m)	[jˈɛnɐ]

deuda (f)	dívida (f)	[dˈividɐ]
deudor (m)	devedor (m)	[dɐvɐdˈoɾ]
prestar (vt)	emprestar (vt)	[ẽpɾɐʃtˈaɾ]
tomar prestado	pedir emprestado	[pɐdˈir ẽpɾɐʃtˈadu]

banco (m)	banco (m)	[bˈãku]
cuenta (f)	conta (f)	[kˈõtɐ]
ingresar (~ en la cuenta)	depositar (vt)	[dɐpuzitˈaɾ]
ingresar en la cuenta	depositar na conta	[dɐpuzitˈaɾ nɐ kˈõtɐ]
sacar de la cuenta	levantar (vt)	[lɐvãtˈaɾ]

tarjeta (f) de crédito	cartão (m) de crédito	[kɐɾtˈãu dɐ kɾˈɛditu]
dinero (m) en efectivo	dinheiro (m) vivo	[diɲˈejɾu vˈivu]
cheque (m)	cheque (m)	[ʃˈɛkɐ]
sacar un cheque	passar um cheque	[pɐsˈaɾ ũ ʃˈɛkɐ]
talonario (m)	livro (m) de cheques	[lˈivɾu dɐ ʃˈɛkɐʃ]

cartera (f)	carteira (f)	[kɐɾtˈejɾɐ]
monedero (m)	porta-moedas (m)	[pˈɔɾtɐ muˈɛdɐʃ]
portamonedas (m)	carteira (f)	[kɐɾtˈejɾɐ]
caja (f) fuerte	cofre (m)	[kˈɔfɾɐ]

heredero (m)	herdeiro (m)	[ɛɾdˈejɾu]
herencia (f)	herança (f)	[ɛɾˈãsɐ]
fortuna (f)	fortuna (f)	[fuɾtˈunɐ]

arriendo (m)	arrendamento (m)	[ɐʀẽdɐmˈẽtu]
alquiler (m) (dinero)	renda (f) de casa	[ʀˈẽdɐ dɐ kˈazɐ]
alquilar (~ una casa)	alugar (vt)	[ɐlugˈaɾ]
precio (m)	preço (m)	[pɾˈesu]
coste (m)	custo (m)	[kˈuʃtu]

suma (f)	soma (f)	[s'omɐ]
gastar (vt)	gastar (vt)	[gɐʃt'ar]
gastos (m pl)	gastos (m pl)	[g'aʃtuʃ]
economizar (vi, vt)	economizar (vi)	[ekɔnumiz'ar]
económico (adj)	económico	[ekun'ɔmiku]
pagar (vi, vt)	pagar (vt)	[pɐg'ar]
pago (m)	pagamento (m)	[pɐgɐm'ẽtu]
cambio (m) (devolver el ~)	troco (m)	[tr'oku]
impuesto (m)	imposto (m)	[ĩp'oʃtu]
multa (f)	multa (f)	[m'ultɐ]
multar (vt)	multar (vt)	[mult'ar]

60. La oficina de correos

oficina (f) de correos	correios (m pl)	[kuʀ'ejuʃ]
correo (m) (cartas, etc.)	correio (m)	[kuʀ'eju]
cartero (m)	carteiro (m)	[kɐrt'ejru]
horario (m) de apertura	horário (m)	[ɔr'ariu]
carta (f)	carta (f)	[k'artɐ]
carta (f) certificada	carta (f) registada	[k'artɐ ʀɘʒiʃt'adɐ]
tarjeta (f) postal	postal (m)	[puʃt'al]
telegrama (m)	telegrama (m)	[tɘlɘgr'emɐ]
paquete (m) postal	encomenda (f) postal	[ẽkum'ẽdɐ puʃt'al]
giro (m) postal	remessa (f) de dinheiro	[ʀɐm'ɛsɐ dɐ diɲ'ejru]
recibir (vt)	receber (vt)	[ʀɘsɐb'er]
enviar (vt)	enviar (vt)	[ẽvj'ar]
envío (m)	envio (m)	[ẽv'iu]
dirección (f)	endereço (m)	[ẽdɐr'esu]
código (m) postal	código (m) postal	[k'ɔdigu puʃt'al]
expedidor (m)	remetente (m)	[ʀɐmɘt'ẽtɐ]
destinatario (m)	destinatário (m)	[dɘʃtinɐt'ariu]
nombre (m)	nome (m)	[n'omɐ]
apellido (m)	apelido (m)	[ɐpɘl'idu]
tarifa (f)	tarifa (f)	[tɐr'ifɐ]
ordinario (adj)	normal	[nɔrm'al]
económico (adj)	económico	[ekun'ɔmiku]
peso (m)	peso (m)	[p'ezu]
pesar (~ una carta)	pesar (vt)	[pɘz'ar]
sobre (m)	envelope (m)	[ẽvɘl'ɔpɐ]
sello (m)	selo (m)	[s'elu]
poner un sello	colar o selo	[kul'ar u s'elu]

La vivienda. La casa. El hogar

61. La casa. La electricidad

electricidad (f)	eletricidade (f)	[elɛtrisid'adə]
bombilla (f)	lâmpada (f)	[l'ãpedə]
interruptor (m)	interruptor (m)	[ĩtəʀupt'or]
fusible (m)	fusível (m)	[fuz'ivɛl]
hilo (m) (~ eléctrico)	fio, cabo (m)	[f'iu], [k'abu]
instalación (f) eléctrica	instalação (f) elétrica	[ĩʃteles'ãu el'ɛtrikɐ]
contador (m) de luz	contador (m) de eletricidade	[kõtɐd'or də elɛtrisid'adə]
lectura (f) (~ del contador)	leitura (f)	[lɐjt'uʀɐ]

62. La villa. La mansión

casa (f) de campo	casa (f) de campo	[k'azɐ də k'ãpu]
villa (f)	vila (f)	[v'ilɐ]
ala (f)	ala (f)	['alɐ]
jardín (m)	jardim (m)	[ʒɐrd'ĩ]
parque (m)	parque (m)	[p'arkə]
invernadero (m) tropical	estufa (f)	[əʃt'ufɐ]
cuidar (~ el jardín, etc.)	cuidar de ...	[kuidar də]
piscina (f)	piscina (f)	[piʃs'inɐ]
gimnasio (m)	ginásio (m)	[ʒin'aziu]
cancha (f) de tenis	campo (m) de ténis	[k'ãpu də t'ɛniʃ]
sala (f) de cine	cinema (m)	[sin'emɐ]
garaje (m)	garagem (f)	[gɐr'aʒɐ̃j]
propiedad (f) privada	propriedade (f) privada	[pruprɛd'adə priv'adɐ]
terreno (m) privado	terreno (m) privado	[tərˈenu priv'adu]
advertencia (f)	advertência (f)	[ɐdvɐrt'ẽsiɐ]
letrero (m) de aviso	sinal (m) de aviso	[sin'al də ɐv'izu]
seguridad (f)	guarda (f)	[gu'ardɐ]
guardia (m) de seguridad	guarda (m)	[gu'ardɐ]
alarma (f) antirrobo	alarme (m)	[ɐl'armɐ]

63. El apartamento

apartamento (m)	apartamento (m)	[ɐpɐrtɐm'ẽtu]
habitación (f)	quarto (m)	[ku'artu]
dormitorio (m)	quarto (m) de dormir	[ku'artu də durm'ir]

comedor (m)	sala (f) de jantar	[s'alɐ də ʒãt'ar]
salón (m)	sala (f) de estar	[s'alɐ də əʃt'ar]
despacho (m)	escritório (m)	[əʃkrit'ɔriu]

antecámara (f)	antessala (f)	[ãtəs'alɐ]
cuarto (m) de baño	quarto (m) de banho	[ku'artu də b'ɐɲu]
servicio (m)	quarto (m) de banho	[ku'artu də b'ɐɲu]

techo (m)	teto (m)	[t'ɛtu]
suelo (m)	chão, soalho (m)	[ʃ'ãu], [su'aʎu]
rincón (m)	canto (m)	[k'ãtu]

64. Los muebles. El interior

muebles (m pl)	mobiliário (m)	[mubilj'ariu]
mesa (f)	mesa (f)	[m'ezɐ]
silla (f)	cadeira (f)	[kɐd'ejrɐ]
cama (f)	cama (f)	[k'ɐmɐ]
sofá (m)	divã (m)	[div'ã]
sillón (m)	cadeirão (m)	[kɐdejr'ãu]

librería (f)	biblioteca (f)	[bibliut'ɛkɐ]
estante (m)	prateleira (f)	[prɐtəl'ejrɐ]
estantería (f)	estante (f)	[əʃt'ãtə]

armario (m)	guarda-vestidos (m)	[gu'ardɐ vəʃt'iduʃ]
percha (f)	cabide (m) de parede	[kɐb'idə də pɐr'edə]
perchero (m) de pie	cabide (m) de pé	[kɐb'idə də pɛ]

| cómoda (f) | cómoda (f) | [k'ɔmudɐ] |
| mesa (f) de café | mesinha (f) de centro | [məz'iɲɐ də s'ẽtru] |

espejo (m)	espelho (m)	[əʃp'eʎu]
tapiz (m)	tapete (m)	[tɐp'etɐ]
alfombra (f)	tapete (m) pequeno	[tɐp'etɐ pək'enu]

chimenea (f)	lareira (f)	[lɐr'ejrɐ]
candela (f)	vela (f)	[v'ɛlɐ]
candelero (m)	castiçal (m)	[kɐʃtis'al]

cortinas (f pl)	cortinas (f pl)	[kurt'inɐʃ]
empapelado (m)	papel (m) de parede	[pɐp'ɛl də pɐr'edə]
estor (m) de láminas	estores (f pl)	[əʃt'orɐʃ]

| lámpara (f) de mesa | candeeiro (m) de mesa | [kãdj'ejru də m'ezɐ] |
| candil (m) | candeeiro (m) de parede | [kãdj'ejru də pɐr'edɐ] |

| lámpara (f) de pie | candeeiro (m) de pé | [kãdj'ejru də pɛ] |
| lámpara (f) de araña | lustre (m) | [l'uʃtrɐ] |

pata (f) (~ de la mesa)	perna (f)	[p'ɛrnɐ]
brazo (m)	braço (m)	[br'asu]
espaldar (m)	costas (f pl)	[k'ɔʃtɐʃ]
cajón (m)	gaveta (f)	[gɐv'etɐ]

65. Los accesorios de la cama

ropa (f) de cama	roupa (f) de cama	[ʀ'opɐ də k'ɐmɐ]
almohada (f)	almofada (f)	[almuf'adɐ]
funda (f)	fronha (f)	[fɾ'oɲɐ]
manta (f)	cobertor (m)	[kubəɾt'oɾ]
sábana (f)	lençol (m)	[lẽs'ɔl]
sobrecama (f)	colcha (f)	[k'olʃɐ]

66. La cocina

cocina (f)	cozinha (f)	[kuz'iɲɐ]
gas (m)	gás (m)	[gaʃ]
cocina (f) de gas	fogão (m) a gás	[fug'ãu ɐ gaʃ]
cocina (f) eléctrica	fogão (m) elétrico	[fug'ãu el'ɛtriku]
horno (m)	forno (m)	[f'oɾnu]
horno (m) microondas	forno (m) de micro-ondas	[f'oɾnu də mikɾɔ'ödɐʃ]
frigorífico (m)	frigorífico (m)	[friguɾ'ifiku]
congelador (m)	congelador (m)	[kõʒɐlɐd'oɾ]
lavavajillas (m)	máquina (f) de lavar louça	[m'akinɐ də lɐv'aɾ l'osɐ]
picadora (f) de carne	moedor (m) de carne	[muɐd'oɾ də k'aɾnɐ]
exprimidor (m)	espremedor (m)	[əʃpɾəməd'oɾ]
tostador (m)	torradeira (f)	[tuʀɐd'ejɾɐ]
batidora (f)	batedeira (f)	[bɐtəd'ejɾɐ]
cafetera (f) (preparar café)	máquina (f) de café	[m'akinɐ də kɐf'ɛ]
cafetera (f) (servir café)	cafeteira (f)	[kɐfɐt'ejɾɐ]
molinillo (m) de café	moinho (m) de café	[mu'iɲu də kɐf'ɛ]
hervidor (m) de agua	chaleira (f)	[ʃɐl'ejɾɐ]
tetera (f)	bule (m)	[b'ulə]
tapa (f)	tampa (f)	[t'ãpɐ]
colador (m) de té	coador (f) de chá	[kuɐd'oɾ də ʃa]
cuchara (f)	colher (f)	[kuʎ'ɛɾ]
cucharilla (f)	colher (f) de chá	[kuʎ'ɛɾ də ʃa]
cuchara (f) de sopa	colher (f) de sopa	[kuʎ'ɛɾ də s'opɐ]
tenedor (m)	garfo (m)	[g'aɾfu]
cuchillo (m)	faca (f)	[f'akɐ]
vajilla (f)	louça (f)	[l'osɐ]
plato (m)	prato (m)	[pɾ'atu]
platillo (m)	pires (m)	[p'iɾəʃ]
vaso (m) de chupito	cálice (m)	[k'alisə]
vaso (m) (~ de agua)	copo (m)	[k'ɔpu]
taza (f)	chávena (f)	[ʃ'avɐnɐ]
azucarera (f)	açucareiro (m)	[ɐsukɐɾ'ejɾu]
salero (m)	saleiro (m)	[sɐl'ejɾu]
pimentero (m)	pimenteiro (m)	[pimẽt'ejɾu]

mantequera (f)	manteigueira (f)	[mãtiig'ejɾɐ]
cacerola (f)	panela (f)	[pɐn'ɛlɐ]
sartén (f)	frigideira (f)	[friʒid'ejɾɐ]
cucharón (m)	concha (f)	[k'õʃɐ]
colador (m)	passador (m)	[pɐsɐd'or]
bandeja (f)	bandeja (f)	[bãd'eʒɐ]

botella (f)	garrafa (f)	[gɐʀ'afɐ]
tarro (m) de vidrio	boião (m) de vidro	[boj'ãu də v'idru]
lata (f) de hojalata	lata (f)	[l'atɐ]

abrebotellas (m)	abridor (m) de garrafas	[ebrid'or də gɐʀ'afɐʃ]
abrelatas (m)	abre-latas (m)	[abrə l'atɐʃ]
sacacorchos (m)	saca-rolhas (m)	[s'akɐ ʀ'oʎɐʃ]
filtro (m)	filtro (m)	[f'iltru]
filtrar (vt)	filtrar (vt)	[filtɾ'ar]

basura (f)	lixo (m)	[l'iʃu]
cubo (m) de basura	balde (m) do lixo	[b'aldə du l'iʃu]

67. El baño

cuarto (m) de baño	quarto (m) de banho	[ku'artu də b'ɐɲu]
agua (f)	água (f)	['aguɐ]
grifo (m)	torneira (f)	[turn'ejɾɐ]
agua (f) caliente	água (f) quente	['aguɐ k'ẽtɐ]
agua (f) fría	água (f) fria	['aguɐ fɾ'iɐ]

pasta (f) de dientes	pasta (f) de dentes	[p'aʃtɐ də d'ẽtɐʃ]
limpiarse los dientes	escovar os dentes	[ɐʃkuv'ar uʃ d'ẽtɐʃ]
cepillo (m) de dientes	escova (f) de dentes	[ɐʃk'ovɐ də d'ẽtɐʃ]

afeitarse (vr)	barbear-se (vp)	[bɐrbj'arsə]
espuma (f) de afeitar	espuma (f) de barbear	[ɐʃp'umɐ də bɐrbj'ar]
maquinilla (f) de afeitar	máquina (f) de barbear	[m'akinɐ də bɐrbi'ar]

lavar (vt)	lavar (vt)	[lɐv'ar]
darse un baño	lavar-se (vp)	[lɐv'arsə]
ducha (f)	duche (m)	[d'uʃɐ]
darse una ducha	tomar um duche	[tum'ar ũ d'uʃɐ]

baño (m)	banheira (f)	[bɐɲ'ejɾɐ]
inodoro (m)	sanita (f)	[sɐn'itɐ]
lavabo (m)	lavatório (m)	[lɐvɐt'ɔriu]

jabón (m)	sabonete (m)	[sɐbun'etɐ]
jabonera (f)	saboneteira (f)	[sɐbunɐt'ejɾɐ]

esponja (f)	esponja (f)	[ɐʃp'õʒɐ]
champú (m)	champô (m)	[ʃãp'o]
toalla (f)	toalha (f)	[tu'aʎɐ]
bata (f) de baño	roupão (m) de banho	[ʀop'ãu də b'ɐɲu]
colada (f), lavado (m)	lavagem (f)	[lɐv'aʒẽj]
lavadora (f)	máquina (f) de lavar	[m'akinɐ də lɐv'ar]

lavar la ropa   lavar a roupa   [lev'ar ɐ ʀ'opɐ]
detergente (m) en polvo   detergente (m)   [detɐɾʒ'ẽtɐ]

68. Los aparatos domésticos

televisor (m)   televisor (m)   [televiz'oɾ]
magnetófono (m)   gravador (m)   [gɾɐved'oɾ]
vídeo (m)   videogravador (m)   [vidiɔgɾɐved'oɾ]
radio (f)   rádio (m)   [ʀ'adiu]
reproductor (m) (~ MP3)   leitor (m)   [lejt'oɾ]

proyector (m) de vídeo   projetor (m)   [pɾuʒɛt'oɾ]
sistema (m) home cinema   cinema (m) em casa   [sin'emɐ ẽ k'azɐ]
reproductor DVD (m)   leitor (m) de DVD   [lejt'oɾ də dɛvɛd'e]
amplificador (m)   amplificador (m)   [ãplifiked'oɾ]
videoconsola (f)   console (f) de jogos   [kõs'ɔlə də ʒ'ɔguʃ]

cámara (f) de vídeo   câmara (f) de vídeo   [k'emɐɾɐ də v'idiu]
cámara (f) fotográfica   máquina (f) fotográfica   [m'akinɐ futugɾ'afikɐ]
cámara (f) digital   câmara (f) digital   [k'emɐɾɐ diʒit'al]

aspirador (m)   aspirador (m)   [ɐʃpiɾed'oɾ]
plancha (f)   ferro (m) de engomar   [f'ɛʀu də ẽgum'aɾ]
tabla (f) de planchar   tábua (f) de engomar   [t'abuɐ də ẽgum'aɾ]

teléfono (m)   telefone (m)   [teləf'ɔnə]
teléfono (m) móvil   telemóvel (m)   [tɛlɛm'ɔvɛl]
máquina (f) de escribir   máquina (f) de escrever   [m'akinɐ də ɐʃkɾɐv'eɾ]
máquina (f) de coser   máquina (f) de costura   [m'akinɐ də kuʃt'uɾɐ]

micrófono (m)   microfone (m)   [mikɾɔf'ɔnə]
auriculares (m pl)   auscultadores (m pl)   [auʃkulted'oɾəʃ]
mando (m) a distancia   controlo remoto (m)   [kõtɾ'olu ʀɐm'ɔtu]

CD (m)   CD (m)   [s'ɛdɛ]
casete (m)   cassette (f)   [kas'ɛtə]
disco (m) de vinilo   disco (m) de vinil   [d'iʃku də vin'il]

LAS ACTIVIDADES DE LA GENTE

El trabajo. Los negocios. Unidad 1

69. La oficina. El trabajo de oficina

oficina (f)	escritório (m)	[əʃkritˈɔriu]
despacho (m)	escritório (m)	[əʃkritˈɔriu]
recepción (f)	receção (f)	[ʀəsɛsˈãu]
secretario, -a (m, f)	secretário (m)	[səkrətˈariu]
secretaria (f)	secretária (f)	[səkrətˈariɐ]
director (m)	diretor (m)	[dirɛtˈor]
manager (m)	gerente (m)	[ʒɐrˈẽtə]
contable (m)	contabilista (m)	[kõtɐbilˈiʃtɐ]
colaborador (m)	empregado (m)	[ẽprəgˈadu]
muebles (m pl)	mobiliário (m)	[mubiljˈariu]
escritorio (m)	mesa (f)	[mˈezɐ]
silla (f)	cadeira (f)	[kɐdˈejrɐ]
cajonera (f)	bloco (m) de gavetas	[blˈɔku də gɐvˈetɐʃ]
perchero (m) de pie	cabide (m) de pé	[kɐbˈidə də pɛ]
ordenador (m)	computador (m)	[kõputɐdˈor]
impresora (f)	impressora (f)	[ĩprəsˈorɐ]
fax (m)	fax (m)	[faks]
fotocopiadora (f)	fotocopiadora (f)	[futukupiɐdˈorɐ]
papel (m)	papel (m)	[pɐpˈɛl]
papelería (f)	artigos (m pl) de escritório	[ɐrtˈiguʃ də əʃkritˈɔriu]
alfombrilla (f) para ratón	tapete (m) de rato	[tɐpˈetɐ də ʀˈatu]
hoja (f) de papel	folha (f)	[fˈoʎɐ]
carpeta (f)	pasta (f)	[pˈaʃtɐ]
catálogo (m)	catálogo (m)	[kɐtˈalugu]
directorio (m) telefónico	diretório (f) telefónico	[dirɛtˈɔriu tələfˈɔniku]
documentación (f)	documentação (f)	[dukumẽtɐsˈãu]
folleto (m)	brochura (f)	[bruʃˈurɐ]
prospecto (m)	flyer (m)	[flˈejɐr]
muestra (f)	amostra (f)	[ɐmˈɔʃtrɐ]
entrenamiento (m)	formação (f)	[furmɐsˈãu]
reunión (f)	reunião (f)	[ʀiunjˈãu]
pausa (f) de almuerzo	hora (f) de almoço	[ˈɔrɐ də almˈosu]
hacer una copia	fazer uma cópia	[fɐzˈer ˈumɐ kˈɔpiɐ]
hacer copias	tirar cópias	[tirˈar kˈɔpiɐʃ]
recibir un fax	receber um fax	[ʀəsəbˈer ũ faks]
enviar un fax	enviar um fax	[ẽvjˈar ũ faks]

llamar por teléfono	fazer uma chamada	[fez'er 'umɐ ʃem'adɐ]
responder (vi, vt)	responder (vt)	[ʀeʃpõd'er]
poner en comunicación	passar (vt)	[pɐs'ar]
fijar (~ una reunión)	marcar (vt)	[mɐrk'ar]
demostrar (vt)	demonstrar (vt)	[dəmõʃtr'ar]
estar ausente	estar ausente	[əʃt'ar auz'ẽtə]
ausencia (f)	ausência (f)	[auz'ẽsiɐ]

70. Los métodos de los negocios. Unidad 1

negocio (m), comercio (m)	negócio (m)	[nɐg'ɔsiu]
ocupación (f)	ocupação (f)	[ɔkupɐs'ãu]
firma (f)	firma, empresa (f)	[f'irmɐ], [ẽpr'ezɐ]
compañía (f)	companhia (f)	[kõpɐɲ'iɐ]
corporación (f)	corporação (f)	[kurpurɐs'ãu]
empresa (f)	empresa (f)	[ẽpr'ezɐ]
agencia (f)	agência (f)	[ɐʒ'ẽsiɐ]
acuerdo (m)	acordo (m)	[ɐk'ordu]
contrato (m)	contrato (m)	[kõtr'atu]
trato (m), acuerdo (m)	acordo (m)	[ɐk'ordu]
pedido (m)	encomenda (f)	[ẽkum'ẽdɐ]
condición (f) del contrato	condição (f)	[kõdis'ãu]
al por mayor (adv)	por grosso	[pur gr'osu]
al por mayor (adj)	grossista	[grus'iʃtɐ]
venta (f) al por mayor	venda (f) por grosso	[v'ẽdɐ pur gr'osu]
al por menor (adj)	a retalho	[ɐ ʀɐt'aʎu]
venta (f) al por menor	venda (f) a retalho	[v'ẽdɐ ɐ ʀɐt'aʎu]
competidor (m)	concorrente (m)	[kõkuʀ'ẽtɐ]
competencia (f)	concorrência (f)	[kõkuʀ'ẽsiɐ]
competir (vi)	competir (vi)	[kõpɐt'ir]
socio (m)	sócio (m)	[s'ɔsiu]
sociedad (f)	parceria (f)	[pɐrsɐr'iɐ]
crisis (m)	crise (f)	[kr'izɐ]
bancarrota (f)	bancarrota (f)	[bãkɐʀ'otɐ]
ir a la bancarrota	entrar em falência	[ẽtr'ar ẽ fɐl'ẽsiɐ]
dificultad (f)	dificuldade (f)	[difikuld'adɐ]
problema (m)	problema (m)	[prubl'emɐ]
catástrofe (f)	catástrofe (f)	[kɐt'aʃtrufɐ]
economía (f)	economia (f)	[ekɔnum'iɐ]
económico (adj)	económico	[ekun'ɔmiku]
recesión (f) económica	recessão (f) económica	[ʀɐsɐs'ãu ekun'ɔmikɐ]
meta (f)	objetivo (m)	[ɔbʒɛt'ivu]
objetivo (m)	tarefa (f)	[tɐr'ɛfɐ]
comerciar (vi)	comercializar (vi)	[kumɐrsiɐliz'ar]
red (f) (~ comercial)	rede (f), cadeia (f)	[ʀ'edɐ], [kɐd'ɐjɐ]

existencias (f pl)	estoque (m)	[əʃt'ɔkə]
surtido (m)	sortido (m)	[surt'idu]

líder (m)	líder (m)	[l'idɛr]
grande (empresa ~)	grande	[gr'ãdə]
monopolio (m)	monopólio (m)	[munup'ɔliu]

teoría (f)	teoria (f)	[tiur'iɐ]
práctica (f)	prática (f)	[pr'atikɐ]
experiencia (f)	experiência (f)	[əʃpərj'ẽsiɐ]
tendencia (f)	tendência (f)	[tẽd'ẽsiɐ]
desarrollo (m)	desenvolvimento (m)	[dəzẽvɔlvim'ẽtu]

71. Los métodos de los negocios. Unidad 2

rentabilidad (f)	rentabilidade (f)	[ʀẽtəbilid'adə]
rentable (adj)	rentável	[ʀẽt'avɛl]

delegación (f)	delegação (f)	[dələgɐs'ãu]
salario (m)	salário, ordenado (m)	[sɐl'ariu], [ɔrdən'adu]
corregir (un error)	corrigir (vt)	[kuʀiʒ'ir]
viaje (m) de negocios	viagem (f) de negócios	[vj'aʒẽj də nəg'ɔsiuʃ]
comisión (f)	comissão (f)	[kumis'ãu]

controlar (vt)	controlar (vt)	[kõtrul'ar]
conferencia (f)	conferência (f)	[kõfər'ẽsiɐ]
licencia (f)	licença (f)	[lis'ẽsɐ]
fiable (socio ~)	fiável	[fj'avɛl]

iniciativa (f)	empreendimento (m)	[ẽpriẽdim'ẽtu]
norma (f)	norma (f)	[n'ɔrmɐ]
circunstancia (f)	circunstância (f)	[sirkũʃt'ãsiɐ]
deber (m)	dever (m)	[dəv'er]

empresa (f)	empresa (f)	[ẽpr'ezɐ]
organización (f) (proceso)	organização (f)	[ɔrgənizɐs'ãu]
organizado (adj)	organizado	[ɔrgənɪz'adu]
anulación (f)	anulação (f)	[ɐnulɐs'ãu]
anular (vt)	anular, cancelar (vt)	[ɐnul'ar], [kãsəl'ar]
informe (m)	relatório (m)	[ʀəlɐt'ɔriu]

patente (m)	patente (f)	[pɐt'ẽtə]
patentar (vt)	patentear (vt)	[pɐtẽtj'ar]
planear (vt)	planear (vt)	[plɐnj'ar]

premio (m)	prémio (m)	[pr'ɛmiu]
profesional (adj)	profissional	[prufisiun'al]
procedimiento (m)	procedimento (m)	[prusədim'ẽtu]

examinar (vt)	examinar (vt)	[ezɐmin'ar]
cálculo (m)	cálculo (m)	[k'alkulu]
reputación (f)	reputação (f)	[ʀəputɐs'ãu]
riesgo (m)	risco (m)	[ʀ'iʃku]
dirigir (administrar)	dirigir (vt)	[diriʒ'ir]

información (f)	informação (f)	[ĩfurmɐs'ãu]
propiedad (f)	propriedade (f)	[pruprɪɛd'adə]
unión (f)	união (f)	[unj'ãu]

seguro (m) de vida	seguro (m) de vida	[səg'uru də v'idɐ]
asegurar (vt)	fazer um seguro	[fɐz'er ũ səg'uru]
seguro (m)	seguro (m)	[səg'uru]

subasta (f)	leilão (m)	[lɐjl'ãu]
notificar (informar)	notificar (vt)	[nutifik'ar]
gestión (f)	gestão (f)	[ʒəʃt'ãu]
servicio (m)	serviço (m)	[sərv'isu]

foro (m)	fórum (m)	[f'ɔrũ]
funcionar (vi)	funcionar (vi)	[fũsiun'ar]
etapa (f)	estágio (m)	[əʃt'aʒiu]
jurídico (servicios ~s)	jurídico	[ʒur'idiku]
jurista (m)	jurista (m)	[ʒur'iʃtɐ]

72. La producción. Los trabajos

planta (f)	fábrica (f)	[f'abrikɐ]
fábrica (f)	fábrica (f)	[f'abrikɐ]
taller (m)	oficina (f)	[ɔfis'inɐ]
planta (f) de producción	local (m) de produção	[luk'al də prudus'ãu]

industria (f)	indústria (f)	[ĩd'uʃtriɐ]
industrial (adj)	industrial	[ĩduʃtrj'al]
industria (f) pesada	indústria (f) pesada	[ĩd'uʃtriɐ pəz'adɐ]
industria (f) ligera	indústria (f) ligeira	[ĩd'uʃtriɐ liʒ'ɐjrɐ]

producción (f)	produção (f)	[prudus'ãu]
producir (vt)	produzir (vt)	[pruduz'ir]
materias (f pl) primas	matérias (f pl) primas	[mɐt'ɛriɐʃ pr'imɐʃ]

jefe (m) de brigada	chefe (m) de brigada	[ʃ'ɛfə də brig'adɐ]
brigada (f)	brigada (f)	[brig'adɐ]
obrero (m)	operário (m)	[ɔpər'ariu]

día (m) de trabajo	dia (m) de trabalho	[d'iɐ də trɐb'aʎu]
descanso (m)	pausa (f)	[p'auzɐ]
reunión (f)	reunião (f)	[ʀiunj'ãu]
discutir (vt)	discutir (vt)	[diʃkut'ir]

plan (m)	plano (m)	[pl'ɐnu]
cumplir el plan	cumprir o plano	[kũpr'ir u pl'ɐnu]
tasa (f) de producción	taxa (f) de produção	[t'aʃɐ də prudus'ãu]
calidad (f)	qualidade (f)	[kuɐlid'adɐ]
revisión (f)	controle (m)	[kõtr'ɔlɐ]
control (m) de calidad	controle (m) da qualidade	[kõtr'ɔlɐ də kuɐlid'adɐ]

seguridad (f) de trabajo	segurança (f) no trabalho	[səgur'ãsɐ nu trɐb'aʎu]
disciplina (f)	disciplina (f)	[diʃsipl'inɐ]
infracción (f)	infração (f)	[ĩfras'ãu]

violar (las reglas)	violar (vt)	[viul'ar]
huelga (f)	greve (f)	[gr'ɛvɐ]
huelguista (m)	grevista (m)	[grɛv'iʃtɐ]
estar en huelga	estar em greve	[əʃt'ar ẽ gr'ɛvɐ]
sindicato (m)	sindicato (m)	[sĩdik'atu]

inventar (máquina, etc.)	inventar (vt)	[ĩvẽt'ar]
invención (f)	invenção (f)	[ĩvẽs'ɐ̃u]
investigación (f)	pesquisa (f)	[pəʃk'izɐ]
mejorar (vt)	melhorar (vt)	[məʎur'ar]
tecnología (f)	tecnologia (f)	[tɛknuluʒ'iɐ]
dibujo (m) técnico	desenho (m) técnico	[dəz'eɲu t'ɛkniku]

cargamento (m)	carga (f)	[k'argɐ]
cargador (m)	carregador (m)	[kɐʁəgəd'or]
cargar (camión, etc.)	carregar (vt)	[kɐʁəg'ar]
carga (f) (proceso)	carregamento (m)	[kɐʁəgɐm'ẽtu]
descargar (vt)	descarregar (vt)	[dəʃkɐʁəg'ar]
descarga (f)	descarga (f)	[dəʃk'argɐ]

transporte (m)	transporte (m)	[trɐ̃ʃp'ɔrtə]
compañía (f) de transporte	companhia (f) de transporte	[kõpɐɲ'iɐ də trɐ̃ʃp'ɔrtə]
transportar (vt)	transportar (vt)	[trɐ̃ʃpurt'ar]

vagón (m)	vagão (m) de carga	[vɐg'ɐ̃u də k'argɐ]
cisterna (f)	cisterna (f)	[siʃt'ɛrnɐ]
camión (m)	camião (m)	[kɐmj'ɐ̃u]

| máquina (f) herramienta | máquina-ferramenta (f) | [m'akinɐ fɐʁɐm'ẽtɐ] |
| mecanismo (m) | mecanismo (m) | [məkɐn'iʒmu] |

desperdicios (m pl)	resíduos (m pl) industriais	[ʁɐz'iduuʃ ĩduʃtrj'ajʃ]
empaquetado (m)	embalagem (f)	[ẽbɐl'aʒẽj]
embalar (vt)	embalar (vt)	[ẽbɐl'ar]

73. El contrato. El acuerdo

contrato (m)	contrato (m)	[kõtr'atu]
acuerdo (m)	acordo (m)	[ɐk'ordu]
anexo (m)	adenda (f), anexo (m)	[ɐd'ẽdɐ], [ɐn'ɛksu]

firmar un contrato	assinar o contrato	[ɐsin'ar u kõtr'atu]
firma (f) (nombre)	assinatura (f)	[ɐsinɐt'urɐ]
firmar (vt)	assinar (vt)	[ɐsin'ar]
sello (m)	carimbo (m)	[kɐr'ĩbu]

objeto (m) del acuerdo	objeto (m) do contrato	[ɔbʒ'ɛtu du kõtr'atu]
cláusula (f)	cláusula (f)	[kl'auzulɐ]
partes (f pl)	partes (f pl)	[p'artəʃ]
domicilio (m) legal	morada (f) jurídica	[mur'adɐ ʒur'idikɐ]

violar el contrato	violar o contrato	[viul'ar u kõtr'atu]
obligación (f)	obrigação (f)	[ɔbrigɐs'ɐ̃u]
responsabilidad (f)	responsabilidade (f)	[ʁəʃpõsəbilid'adə]

fuerza mayor (f) | força (f) maior | [f'orsɐ mɐj'ɔr]
disputa (f) | litígio (m), disputa (f) | [lit'iʒiu], [diʃp'utɐ]
penalidades (f pl) | multas (f pl) | [m'ultɐʃ]

74. Importación y Exportación

importación (f) | importação (f) | [ĩpurtɐs'ãu]
importador (m) | importador (m) | [ĩpurted'or]
importar (vt) | importar (vt) | [ĩpurt'ar]
de importación (adj) | de importação | [də ĩpurtɐs'ãu]

exportación (f) | exportação (f) | [əʃpurtɐs'ãu]
exportador (m) | exportador (m) | [əʃpurted'or]
exportar (vt) | exportar (vt) | [əʃpurt'ar]
de exportación (adj) | de exportação | [də əʃpurtɐs'ãu]

mercancía (f) | mercadoria (f) | [mərkɐdur'iɐ]
lote (m) de mercancías | lote (m) | [l'ɔtə]

peso (m) | peso (m) | [p'ezu]
volumen (m) | volume (m) | [vul'umə]
metro (m) cúbico | metro (m) cúbico | [m'ɛtru k'ubiku]

productor (m) | produtor (m) | [prudut'or]
compañía (f) de transporte | companhia (f) de transporte | [kõpɐɲ'iɐ də trɐ̃ʃp'ɔrtə]
contenedor (m) | contentor (m) | [kõtẽt'or]

frontera (f) | fronteira (f) | [frõt'ɐjɾɐ]
aduana (f) | alfândega (f) | [alf'ãdəgɐ]
derechos (m pl) arancelarios | taxa (f) alfandegária | [t'aʃɐ alfãdəg'ariɐ]
aduanero (m) | funcionário (m) da alfândega | [fũsiun'ariu dɐ alf'ãdəgɐ]
contrabandismo (m) | contrabando (m) | [kõtrɐb'ãdu]
contrabando (m) | contrabando (m) | [kõtrɐb'ãdu]

75. Las finanzas

acción (f) | ação (f) | [as'ãu]
bono (m), obligación (f) | obrigação (f) | [ɔbrigɐs'ãu]
letra (f) de cambio | letra (f) de câmbio | [l'etrɐ də k'ãbiu]

bolsa (f) | bolsa (f) | [b'olsɐ]
cotización (f) de valores | cotação (m) das ações | [kutɐs'ãu dɐʃ as'ojʃ]

abaratarse (vr) | tornar-se mais barato | [turn'arsə m'ajʃ bɐr'atu]
encarecerse (vr) | tornar-se mais caro | [turn'arsə m'ajʃ k'aru]

parte (f) | parte (f) | [p'artə]
interés (m) mayoritario | participação (f) maioritária | [pɐrtisipɐs'ãu mɐjurit'ariɐ]
inversiones (f pl) | investimento (m) | [ĩvəʃtim'ẽtu]
invertir (vi, vt) | investir (vt) | [ĩvəʃt'ir]
porcentaje (m) | percentagem (f) | [pərsẽt'aʒẽj]
interés (m) | juros (m pl) | [ʒ'uruʃ]

beneficio (m)	lucro (m)	[l'ukru]
beneficioso (adj)	lucrativo	[lukret'ivu]
impuesto (m)	imposto (m)	[īp'oʃtu]
divisa (f)	divisa (f)	[div'ize]
nacional (adj)	nacional	[nesiun'al]
cambio (m)	câmbio (m)	[k'ãbiu]
contable (m)	contabilista (m)	[kõtebil'iʃte]
contaduría (f)	contabilidade (f)	[kõtebilid'ade]
bancarrota (f)	bancarrota (f)	[bãkeʀ'ote]
quiebra (f)	falência (f)	[fel'ẽsie]
ruina (f)	ruína (f)	[ʀu'ine]
arruinarse (vr)	arruinar-se (vp)	[eʀuin'arse]
inflación (f)	inflação (f)	[īflas'ãu]
devaluación (f)	desvalorização (f)	[deʒvelurizes'ãu]
capital (m)	capital (m)	[kepit'al]
ingresos (m pl)	rendimento (m)	[ʀẽdim'ẽtu]
volumen (m) de negocios	volume (m) de negócios	[vul'ume de neg'ɔsiuʃ]
recursos (m pl)	recursos (m pl)	[ʀek'ursuʃ]
recursos (m pl) monetarios	recursos (m pl) financeiros	[ʀek'ursuʃ finãs'ejruʃ]
gastos (m pl) accesorios	despesas (f pl) gerais	[deʃp'ezeʃ ʒeɾ'ajʃ]
reducir (vt)	reduzir (vt)	[ʀeduz'ir]

76. La mercadotecnia

mercadotecnia (f)	marketing (m)	[m'arketĩg]
mercado (m)	mercado (m)	[merk'adu]
segmento (m) del mercado	segmento (m) do mercado	[sɛgm'ẽtu du merk'adu]
producto (m)	produto (m)	[prud'utu]
mercancía (f)	mercadoria (f)	[merkedur'ie]
marca (f)	marca (f)	[m'arke]
marca (f) comercial	marca (f) comercial	[m'arke kumersj'al]
logotipo (m)	logótipo (m)	[lɔg'ɔtipu]
logo (m)	logótipo (m)	[lɔg'ɔtipu]
demanda (f)	demanda (f)	[dem'ãde]
oferta (f)	oferta (f)	[ɔf'ɛrte]
necesidad (f)	necessidade (f)	[nesesid'ade]
consumidor (m)	consumidor (m)	[kõsumid'or]
análisis (m)	análise (f)	[en'alize]
analizar (vt)	analisar (vt)	[eneliz'ar]
posicionamiento (m)	posicionamento (m)	[puzisiunem'ẽtu]
posicionar (vt)	posicionar (vt)	[puzisiun'ar]
precio (m)	preço (m)	[pr'esu]
política (f) de precios	política (f) de preços	[pul'itike de pr'esuʃ]
formación (m) de precios	formação (f) de preços	[furmes'ãu de pr'esuʃ]

77. La publicidad

publicidad (f)	publicidade (f)	[publisid'adə]
publicitar (vt)	publicitar (vt)	[publisit'ar]
presupuesto (m)	orçamento (m)	[ɔrsem'ẽtu]

anuncio (m) publicitario	anúncio (m) publicitário	[ɐn'ũsiu publisit'ariu]
publicidad (f) televisiva	publicidade (f) televisiva	[publisid'adə teləviz'ivɐ]
publicidad (f) radiofónica	publicidade (f) na rádio	[publisid'adə nɐ ʀ'adiu]
publicidad (f) exterior	publicidade (f) exterior	[publisid'adə əʃtərj'or]

medios (m pl) de comunicación de masas	meios (m pl) de comunicação social	[m'ejuʃ də kumunikɐs'ãu susj'al]
periódico (m)	periódico (m)	[pərj'ɔdiku]
imagen (f)	imagem (f)	[im'aʒẽj]

consigna (f)	slogan (m)	[sl'ogen]
divisa (f)	mote (m), divisa (f)	[m'ɔtə], [div'izɐ]

campaña (f)	campanha (f)	[kãp'ɐɲɐ]
campaña (f) publicitaria	campanha (f) publicitária	[kãp'ɐɲɐ publisit'ariɐ]
auditorio (m) objetivo	grupo (m) alvo	[gr'upu 'alvu]

tarjeta (f) de visita	cartão (m) de visita	[kɐrt'ãu də viz'itɐ]
prospecto (m)	flyer (m)	[fl'ejər]
folleto (m)	brochura (f)	[bruʃ'urɐ]
panfleto (m)	folheto (m)	[fuʎ'etu]
boletín (m)	boletim (m)	[bulət'ĩ]

letrero (m) (~ luminoso)	letreiro (m)	[lətr'ejru]
pancarta (f)	cartaz, póster (m)	[kɐrt'aʃ], [p'ɔʃtɛr]
valla (f) publicitaria	painel (m) publicitário	[pajn'ɛl publisit'ariu]

78. La banca

banco (m)	banco (m)	[b'ãku]
sucursal (f)	sucursal, balcão (f)	[sukurs'al], [balk'ãu]

asesor (m) (~ fiscal)	consultor (m)	[kõsult'or]
gerente (m)	gerente (m)	[ʒər'ẽtə]

cuenta (f)	conta (f)	[k'õtɐ]
numero (m) de la cuenta	número (m) da conta	[n'uməru de k'õtɐ]
cuenta (f) corriente	conta (f) corrente	[k'õtɐ kuʀ'ẽtɐ]
cuenta (f) de ahorros	conta (f) poupança	[k'õtɐ pop'ãsɐ]

abrir una cuenta	abrir uma conta	[ɐbr'ir 'umɐ k'õtɐ]
cerrar la cuenta	fechar uma conta	[fəʃ'ar 'umɐ k'õtɐ]
ingresar en la cuenta	depositar na conta	[dəpuzit'ar nɐ k'õtɐ]
sacar de la cuenta	levantar (vt)	[ləvãt'ar]

depósito (m)	depósito (m)	[dəp'ɔzitu]
hacer un depósito	fazer um depósito	[fɐz'er ũ dəp'ɔzitu]

giro (m) bancario	transferência (f) bancária	[trãʃfɐrˈẽsiɐ bãkˈariɐ]
hacer un giro	transferir (vt)	[trãʃfɐrˈir]
suma (f)	soma (f)	[sˈomɐ]
¿Cuánto?	Quanto?	[kuˈãtu]
firma (f) (nombre)	assinatura (f)	[ɐsinɐtˈurɐ]
firmar (vt)	assinar (vt)	[ɐsinˈar]
tarjeta (f) de crédito	cartão (m) de crédito	[kɐrtˈãu dɐ krˈɛditu]
código (m)	código (m)	[kˈɔdigu]
número (m) de tarjeta de crédito	número (m) do cartão de crédito	[nˈumɐru du kɐrtˈãu dɐ krˈɛditu]
cajero (m) automático	Caixa Multibanco (m)	[kˈajʃɐ multibˈãku]
cheque (m)	cheque (m)	[ʃˈɛkɐ]
sacar un cheque	passar um cheque	[pɐsˈar ũ ʃˈɛkɐ]
talonario (m)	livro (m) de cheques	[lˈivru dɐ ʃˈɛkɐʃ]
crédito (m)	empréstimo (m)	[ẽprˈɛʃtimu]
pedir el crédito	pedir um empréstimo	[pɐdˈir un ẽprˈɛʃtimu]
obtener un crédito	obter um empréstimo	[ɔbtˈer un ẽprˈɛʃtimu]
conceder un crédito	conceder um empréstimo	[kõsɐdˈer un ẽprˈɛʃtimu]
garantía (f)	garantia (f)	[gɐrãtˈiɐ]

79. El teléfono. Las conversaciones telefónicas

teléfono (m)	telefone (m)	[tɐlɐfˈɔnɐ]
teléfono (m) móvil	telemóvel (m)	[tɛlɛmˈɔvɛl]
contestador (m)	atendedor (m) de chamadas	[etẽdɐdˈor dɐ ʃɐmˈadɐʃ]
llamar, telefonear	fazer uma chamada	[fɐzˈer ˈumɐ ʃɐmˈadɐ]
llamada (f)	chamada (f)	[ʃɐmˈadɐ]
marcar un número	marcar um número	[mɐrkˈar ũ nˈumɐru]
¿Sí?, ¿Dígame?	Alô!	[ɐlˈo]
preguntar (vt)	perguntar (vt)	[pɐrgũtˈar]
responder (vi, vt)	responder (vt)	[ʀɐʃpõdˈer]
oír (vt)	ouvir (vt)	[ovˈir]
bien (adv)	bem	[bẽj]
mal (adv)	mal	[mal]
ruidos (m pl)	ruído (m)	[ʀuˈidu]
auricular (m)	auscultador (m)	[auʃkultɐdˈor]
descolgar (el teléfono)	pegar o telefone	[pɐgˈar u tɐlɐfˈɔnɐ]
colgar el auricular	desligar (vi)	[dɐʒligˈar]
ocupado (adj)	ocupado	[ɔkupˈadu]
sonar (teléfono)	tocar (vi)	[tukˈar]
guía (f) de teléfonos	lista (f) telefónica	[lˈiʃtɐ tɐlɐfˈɔnikɐ]
local (adj)	local	[lukˈal]
llamada (f) local	chamada (f) local	[ʃɐmˈadɐ lukˈal]

de larga distancia	de longa distância	[də lˈõgɐ diʃtˈãsiɐ]
llamada (f) de larga distancia	chamada (f) internacional	[ʃemˈadɐ ĩtɐʀnɐsiunˈal]
internacional (adj)	internacional	[ĩtɐʀnɐsiunˈal]

80. El teléfono celular

teléfono (m) móvil	telemóvel (m)	[tɛlɛmˈɔvɛl]
pantalla (f)	ecrã (m)	[ɛkrˈã]
botón (m)	botão (m)	[butˈãu]
tarjeta SIM (f)	cartão SIM (m)	[kɐrtˈãu sim]

pila (f)	bateria (f)	[betɐrˈiɐ]
descargarse (vr)	descarregar-se	[dəʃkɐʀɐgˈarsə]
cargador (m)	carregador (m)	[kɐʀɐgedˈor]

menú (m)	menu (m)	[mɛnˈu]
preferencias (f pl)	definições (f pl)	[dəfinisˈojʃ]
melodía (f)	melodia (f)	[məludˈiɐ]
seleccionar (vt)	escolher (vt)	[əʃkuʎˈer]

calculadora (f)	calculadora (f)	[kalkulɐdˈorɐ]
contestador (m)	atendedor (m) de chamadas	[etẽdədˈor də ʃemˈadɐʃ]
despertador (m)	despertador (m)	[dəʃpɐrtɐdˈor]
contactos (m pl)	contatos (m pl)	[kõtˈatuʃ]

| mensaje (m) de texto | mensagem (f) de texto | [mẽsˈaʒẽj də tˈɛʃtu] |
| abonado (m) | assinante (m) | [esinˈãtə] |

81. Los artículos de escritorio

| bolígrafo (m) | caneta (f) | [kɐnˈetɐ] |
| pluma (f) estilográfica | caneta (f) tinteiro | [kɐnˈetɐ tĩtˈejru] |

lápiz (m)	lápis (m)	[lˈapiʃ]
marcador (m)	marcador (m)	[mɐrkɐdˈor]
rotulador (m)	caneta (f) de feltro	[kɐnˈetɐ də fˈeltru]

| bloc (m) de notas | bloco (m) de notas | [blˈɔku də nˈɔtəʃ] |
| agenda (f) | agenda (f) | [eʒˈẽdɐ] |

regla (f)	régua (f)	[ʀˈɛguɐ]
calculadora (f)	calculadora (f)	[kalkulɐdˈorɐ]
goma (f) de borrar	borracha (f)	[buʀˈaʃɐ]

| chincheta (f) | pionés (m) | [piunˈɛʃ] |
| clip (m) | clipe (m) | [klˈipə] |

| pegamento (m) | cola (f) | [kˈɔlɐ] |
| grapadora (f) | agrafador (m) | [egrɐfɐdˈor] |

| perforador (m) | furador (m) | [furɐdˈor] |
| sacapuntas (m) | afia-lápis (m) | [ɐfˈiɐ lˈapiʃ] |

82. Tipos de negocios

contabilidad (f)	serviços (m pl) de contabilidade	[sərv'isuʃ də kõtebilid'adə]
publicidad (f)	publicidade (f)	[publisid'adə]
agencia (f) de publicidad	agência (f) de publicidade	[eʒ'ẽsie də publisid'adə]
climatizadores (m pl)	ar condicionado (m)	[ar kõdisiun'adu]
compañía (f) aérea	companhia (f) aérea	[kõpɐɲ'ie e'ɛrie]

bebidas (f pl) alcohólicas	bebidas (f pl) alcoólicas	[bəb'ideʃ alku'ɔlikeʃ]
antigüedad (f)	comércio (m) de antiguidades	[kum'ɛrsiu də ãtiguid'adəʃ]
galería (f) de arte	galeria (f) de arte	[gelər'ie də 'artə]
servicios (m pl) de auditoría	serviços (m pl) de auditoria	[sərv'isuʃ də auditur'ie]

negocio (m) bancario	negócios (m pl) bancários	[nəg'ɔsiuʃ bãk'ariuʃ]
bar (m)	bar (m)	[bar]
salón (m) de belleza	salão (m) de beleza	[sɐl'ãu də bəl'eze]
librería (f)	livraria (f)	[livrɐr'ie]
fábrica (f) de cerveza	cervejaria (f)	[sərvəʒɐr'ie]
centro (m) de negocios	centro (m) de escritórios	[s'ẽtru də əʃkrit'ɔriuʃ]
escuela (f) de negocios	escola (f) de negócios	[əʃk'ɔle də nəg'ɔsiuʃ]

casino (m)	casino (m)	[kɐz'inu]
construcción (f)	construção (f)	[kõʃtrus'ãu]
consultoría (f)	serviços (m pl) de consultoria	[sərv'isuʃ də kõsultur'ie]

estomatología (f)	estomatologia (f)	[əʃtumətuluʒ'ie]
diseño (m)	design (m)	[diz'ajn]
farmacia (f)	farmácia (f)	[fɐrm'asie]
tintorería (f)	lavandaria (f)	[levãder'ie]
agencia (f) de empleo	agência (f) de emprego	[eʒ'ẽsie də ẽpr'egu]

servicios (m pl) financieros	serviços (m pl) financeiros	[sərv'isuʃ finãs'ejruʃ]
productos alimenticios	alimentos (m pl)	[elim'ẽtuʃ]
funeraria (f)	agência (f) funerária	[eʒ'ẽsie funər'arie]
muebles (m pl)	mobiliário (m)	[mubilj'ariu]
ropa (f), vestido (m)	roupa (f)	[ʀ'ope]
hotel (m)	hotel (m)	[ɔt'ɛl]

helado (m)	gelado (m)	[ʒəl'adu]
industria (f)	indústria (f)	[ĩd'uʃtrie]
seguro (m)	seguro (m)	[səg'uru]
internet (m), red (f)	internet (f)	[ĩtɛrn'ɛtə]
inversiones (f pl)	investimento (m)	[ĩvəʃtim'ẽtu]

joyero (m)	joalheiro (m)	[ʒuɐʎ'ejru]
joyería (f)	joias (f pl)	[ʒ'ɔjɐʃ]
lavandería (f)	lavandaria (f)	[levãder'ie]
asesoría (f) jurídica	serviços (m pl) jurídicos	[sərv'isuʃ ʒur'idikuʃ]
industria (f) ligera	indústria (f) ligeira	[ĩd'uʃtrie liʒ'ejre]

revista (f)	revista (f)	[ʀəv'iʃtɐ]
venta (f) por catálogo	vendas (f pl) por catálogo	[v'ẽdɐʃ pur kɐt'alugu]

medicina (f)	medicina (f)	[mədis'inɐ]
cine (m) (iremos al ~)	cinema (m)	[sin'emɐ]
museo (m)	museu (m)	[muz'eu]

agencia (f) de información	agência (f) de notícias	[ɐʒ'ẽsiɐ də nut'isiɐʃ]
periódico (m)	jornal (m)	[ʒurn'al]
club (m) nocturno	clube (m) noturno	[kl'ubə nɔt'urnu]

petróleo (m)	petróleo (m)	[pətr'ɔliu]
servicio (m) de entrega	serviço (m) de encomendas	[sərv'isu də ẽkum'ẽdəʃ]
industria (f) farmacéutica	indústria (f) farmacêutica	[ĩd'uʃtriɐ fɐrmɐs'eutikɐ]
poligrafía (f)	poligrafia (f)	[poligrɐf'iɐ]
editorial (f)	editora (f)	[edit'orɐ]

radio (f)	rádio (m)	[ʀ'adiu]
inmueble (m)	imobiliário (m)	[imubilj'ariu]
restaurante (m)	restaurante (m)	[ʀəʃtaur'ãtə]

agencia (f) de seguridad	empresa (f) de segurança	[ẽpr'ezɐ də səgur'ãsɐ]
deporte (m)	desporto (m)	[dəʃp'ortu]
bolsa (f) de comercio	bolsa (f)	[b'olsɐ]
tienda (f)	loja (f)	[l'ɔʒɐ]
supermercado (m)	supermercado (m)	[supɛrmɐrk'adu]
piscina (f)	piscina (f)	[piʃs'inɐ]

taller (m)	alfaiataria (f)	[alfɐjɐtɐr'iɐ]
televisión (f)	televisão (f)	[tələviz'ãu]
teatro (m)	teatro (m)	[tə'atru]
comercio (m)	comércio (m)	[kum'ɛrsiu]
servicios de transporte	serviços (m pl) de transporte	[sərv'isuʃ də trãʃp'ɔrtə]
turismo (m)	viagens (m pl)	[vj'aʒẽjʃ]

veterinario (m)	veterinário (m)	[vətərin'ariu]
almacén (m)	armazém (m)	[ɐrmɐz'ẽj]
recojo (m) de basura	recolha (f) do lixo	[ʀək'oʎɐ du l'iʃu]

El trabajo. Los negocios. Unidad 2

83. El espectáculo. La exhibición

exposición, feria (f)	feira (f)	[f'ejɾɐ]
feria (f) comercial	exposição (f) comercial	[əʃpuzis'ãu kumərsj'al]
participación (f)	participação (f)	[pɐrtisipɐs'ãu]
participar (vi)	participar (vi)	[pɐrtisip'ar]
participante (m)	participante (m)	[pɐrtisip'ãtə]
director (m)	diretor (m)	[dirɛt'or]
dirección (f)	direção (f)	[dirɛs'ãu]
organizador (m)	organizador (m)	[ɔrgɐnized'or]
organizar (vt)	organizar (vt)	[ɔrgɐniz'ar]
solicitud (f) de participación	ficha (f) de inscrição	[f'iʃɐ də ĩʃkris'ãu]
rellenar (vt)	preencher (vt)	[priẽʃ'er]
detalles (m pl)	detalhes (m pl)	[dət'aʎəʃ]
información (f)	informação (f)	[ĩfurmɐs'ãu]
precio (m)	preço (m)	[pr'esu]
incluso	incluindo	[ĩklu'ĩdu]
incluir (vt)	incluir (vt)	[ĩklu'ir]
pagar (vi, vt)	pagar (vt)	[pɐg'ar]
cuota (f) de registro	taxa (m) de inscrição	[t'aʃɐ də ĩʃkris'ãu]
entrada (f)	entrada (f)	[ẽtr'adɐ]
pabellón (m)	pavilhão (m)	[pɐviʎ'ãu]
registrar (vt)	inscrever (vt)	[ĩʃkrəv'er]
tarjeta (f) de identificación	crachá (m)	[krɐʃ'a]
stand (m)	stand (m)	[stad]
reservar (vt)	reservar (vt)	[ʀəzərv'ar]
vitrina (f)	vitrina (f)	[vitr'inɐ]
lámpara (f)	foco, spot (m)	[f'ɔku], [sp'ɔtə]
diseño (m)	design (m)	[diz'ajn]
poner (colocar)	pôr, colocar (vt)	[por], [kuluk'ar]
distribuidor (m)	distribuidor (m)	[diʃtribuid'or]
proveedor (m)	fornecedor (m)	[furnəsəd'or]
suministrar (vt)	fornecer (vt)	[furnəs'er]
país (m)	país (m)	[pɐ'iʃ]
extranjero (adj)	estrangeiro	[əʃtrãʒ'ejru]
producto (m)	produto (m)	[prud'utu]
asociación (f)	associação (f)	[ɐsusiɐs'ãu]
sala (f) de conferencias	sala (f) de conferências	[s'alɐ də kõfər'ẽsiɐʃ]

congreso (m)   congresso (m)   [kõgrˈɛsu]
concurso (m)   concurso (m)   [kõkˈursu]

visitante (m)   visitante (m)   [vizitˈɐ̃tɨ]
visitar (vt)   visitar (vt)   [vizitˈar]
cliente (m)   cliente (m)   [kljˈẽtɨ]

84. La ciencia. La investigación. Los científicos

ciencia (f)   ciência (f)   [sjˈẽsiɐ]
científico (adj)   científico   [siẽtˈifiku]
científico (m)   cientista (m)   [siẽtˈiʃtɨ]
teoría (f)   teoria (f)   [tiurˈiɐ]

axioma (m)   axioma (m)   [ɐksjˈomɐ]
análisis (m)   análise (f)   [ɐnˈalizɨ]
analizar (vt)   analisar (vt)   [ɐnɐlizˈar]
argumento (m)   argumento (m)   [ɐrgumˈẽtu]
sustancia (f) (materia)   substância (f)   [subʃtˈɐ̃siɐ]

hipótesis (f)   hipótese (f)   [ipˈɔtɨzɨ]
dilema (m)   dilema (m)   [dilˈemɐ]
tesis (f) de grado   tese (f)   [tˈɛzɨ]
dogma (m)   dogma (m)   [dˈɔgmɐ]

doctrina (f)   doutrina (f)   [dotrˈinɐ]
investigación (f)   investigação (f)   [ĩvɨʃtigɐsˈɐ̃u]
investigar (vt)   investigar (vt)   [ĩvɨʃtigˈar]
prueba (f)   teste (m)   [tˈɛʃtɨ]
laboratorio (m)   laboratório (m)   [lɐburɐtˈɔriu]

método (m)   método (m)   [mˈɛtudu]
molécula (f)   molécula (f)   [mulˈɛkulɐ]
seguimiento (m)   monitoramento (m)   [muniturɐmˈẽtu]
descubrimiento (m)   descoberta (f)   [dɨʃkubˈɛrtɐ]

postulado (m)   postulado (m)   [puʃtulˈadu]
principio (m)   princípio (m)   [prĩsˈipiu]
pronóstico (m)   prognóstico (m)   [prugnˈɔʃtiku]
pronosticar (vt)   prognosticar (vt)   [prugnuʃtikˈar]

síntesis (f)   síntese (f)   [sˈĩtɨzɨ]
tendencia (f)   tendência (f)   [tẽdˈẽsiɐ]
teorema (m)   teorema (m)   [tiurˈemɐ]

enseñanzas (f pl)   ensinamentos (m pl)   [ẽsinɐmˈẽtuʃ]
hecho (m)   facto (m)   [fˈaktu]
expedición (f)   expedição (f)   [ɐʃpɨdisˈɐ̃u]
experimento (m)   experiência (f)   [ɐʃpɨrjˈẽsiɐ]

académico (m)   académico (m)   [ɐkɐdˈɛmiku]
bachiller (m)   bacharel (m)   [bɐʃɐrˈɛl]
doctorado (m)   doutor (m)   [dotˈor]
docente (m)   docente (m)   [dusˈẽtɨ]

Master (m) (~ en Letras)   **mestre** (m)   [m'ɛʃtrə]
profesor (m)   **professor** (m) **catedrático**   [prufəs'or ketədr'atiku]

Las profesiones y los oficios

85. La búsqueda de trabajo. El despido del trabajo

trabajo (m)	trabalho (m)	[trɐb'aʎu]
empleados (pl)	equipa (f)	[ek'ipɐ]
personal (m)	pessoal (m)	[pəsu'al]
carrera (f)	carreira (f)	[kɐʀ'ejɾɐ]
perspectiva (f)	perspetivas (f pl)	[pərʃpɛt'ivɐʃ]
maestría (f)	mestria (f)	[mɛʃtr'iɐ]
selección (f)	seleção (f)	[səlɛs'ãu]
agencia (f) de empleo	agência (f) de emprego	[ɐʒ'ẽsiɐ də ẽpr'egu]
curriculum vitae (m)	CV, currículo (m)	[sɛv'ɛ], [kuʀ'ikulu]
entrevista (f)	entrevista (f)	[ẽtrəv'iʃtɐ]
vacancia (f)	vaga (f)	[v'agɐ]
salario (m)	salário (m)	[sɐl'ariu]
salario (m) fijo	salário (m) fixo	[sɐl'ariu f'iksu]
remuneración (f)	pagamento (m)	[pɐgɐm'ẽtu]
puesto (m) (trabajo)	posto (m)	[p'oʃtu]
deber (m)	dever (m)	[dəv'er]
gama (f) de deberes	gama (f) de deveres	[g'ɐmɐ də dəv'erəʃ]
ocupado (adj)	ocupado	[ɔkup'adu]
despedir (vt)	despedir, demitir (vt)	[dəʃpəd'ir], [dəmit'ir]
despido (m)	demissão (f)	[dəmis'ãu]
desempleo (m)	desemprego (m)	[dəzẽpr'egu]
desempleado (m)	desempregado (m)	[dəzẽprəg'adu]
jubilación (f)	reforma (f)	[ʀəf'ɔrmɐ]
jubilarse	reformar-se	[ʀəfurm'arsə]

86. Los negociantes

director (m)	diretor (m)	[dirɛt'or]
gerente (m)	gerente (m)	[ʒər'ẽtə]
jefe (m)	patrão, chefe (m)	[pɐtr'ãu], [ʃ'ɛfə]
superior (m)	superior (m)	[supərj'or]
superiores (m pl)	superiores (m pl)	[supərj'orəʃ]
presidente (m)	presidente (m)	[prəzid'ẽtə]
presidente (m) (de compañía)	presidente (m) de direção	[prəzid'ẽtə də dirɛs'ãu]
adjunto (m)	substituto (m)	[subʃtit'utu]
asistente (m)	assistente (m)	[ɐsiʃt'ẽtə]

secretario, -a (m, f)	secretário (m)	[səkrət'ariu]
secretario (m) particular	secretário (m) pessoal	[səkrət'ariu pəsu'al]
hombre (m) de negocios	homem (m) de negócios	['ɔmēj də nəg'ɔsiuʃ]
emprendedor (m)	empresário (m)	[ēprəz'ariu]
fundador (m)	fundador (m)	[fūdəd'or]
fundar (vt)	fundar (vt)	[fūd'ar]
institutor (m)	fundador, sócio (m)	[fūdəd'or], [s'ɔsiu]
compañero (m)	parceiro, sócio (m)	[pɐrs'ejru], [s'ɔsiu]
accionista (m)	acionista (m)	[ɐsiun'iʃtə]
millonario (m)	milionário (m)	[miliun'ariu]
multimillonario (m)	bilionário (m)	[biliun'ariu]
propietario (m)	proprietário (m)	[pruprɪɛt'ariu]
terrateniente (m)	proprietário (m) de terras	[pruprɪɛt'ariu də t'ɛʀəʃ]
cliente (m)	cliente (m)	[klj'ẽtə]
cliente (m) habitual	cliente (m) habitual	[klj'ẽtə ɐbitu'al]
comprador (m)	comprador (m)	[kõprɐd'or]
visitante (m)	visitante (m)	[vizit'ãtə]
profesional (m)	profissional (m)	[prufisiun'al]
experto (m)	perito (m)	[pər'itu]
especialista (m)	especialista (m)	[əʃpəsiɐl'iʃtə]
banquero (m)	banqueiro (m)	[bãk'ejru]
broker (m)	corretor (m)	[kuʀɛt'or]
cajero (m)	caixa (m, f)	[k'ajʃɐ]
contable (m)	contabilista (m)	[kõtɐbil'iʃtə]
guardia (m) de seguridad	guarda (m)	[gu'ardɐ]
inversionista (m)	investidor (m)	[ĩvəʃtid'or]
deudor (m)	devedor (m)	[dəvəd'or]
acreedor (m)	credor (m)	[krɛd'or]
prestatario (m)	mutuário (m)	[mutu'ariu]
importador (m)	importador (m)	[ĩpurtɐd'or]
exportador (m)	exportador (m)	[əʃpurtɐd'or]
productor (m)	produtor (m)	[prudut'or]
distribuidor (m)	distribuidor (m)	[diʃtribuid'or]
intermediario (m)	intermediário (m)	[ĩtərmədj'ariu]
asesor (m) (~ fiscal)	consultor (m)	[kõsult'or]
representante (m)	representante (m)	[ʀəprəzẽt'ãtə]
agente (m)	agente (m)	[ɐʒ'ẽtə]
agente (m) de seguros	agente (m) de seguros	[ɐʒ'ẽtə də səg'uruʃ]

87. Los trabajos de servicio

cocinero (m)	cozinheiro (m)	[kuziɲ'ejru]
jefe (m) de cocina	cozinheiro chefe (m)	[kuziɲ'ejru ʃ'ɛfə]

panadero (m)	padeiro (m)	[pad'ejru]
barman (m)	barman (m)	[b'armɐn]
camarero (m)	empregado (m) de mesa	[ẽprəg'adu də m'ezɐ]
camarera (f)	empregada (f) de mesa	[ẽprəg'adɐ də m'ezɐ]

abogado (m)	advogado (m)	[ɛdvug'adu]
jurista (m)	jurista (m)	[ʒur'iʃtɐ]
notario (m)	notário (m)	[nut'ariu]

electricista (m)	eletricista (m)	[elɛtris'iʃtɐ]
fontanero (m)	canalizador (m)	[kɐnɐlizɐd'or]
carpintero (m)	carpinteiro (m)	[kɐrpĩt'ejru]

masajista (m)	massagista (m)	[mɐsɐʒ'iʃtɐ]
masajista (f)	massagista (f)	[mɐsɐʒ'iʃtɐ]
médico (m)	médico (m)	[m'ɛdiku]

taxista (m)	taxista (m)	[taks'iʃtɐ]
chófer (m)	condutor (m)	[kõdut'or]
repartidor (m)	entregador (m)	[ẽtrəgɐd'or]

camarera (f)	camareira (f)	[kɐmɐr'ejrɐ]
guardia (m) de seguridad	guarda (m)	[gu'ardɐ]
azafata (f)	hospedeira (f) de bordo	[ɔʃpəd'ejrɐ də b'ordu]

profesor (m) (~ de baile, etc.)	professor (m)	[prufəs'or]
bibliotecario (m)	bibliotecário (m)	[bibliutɐk'ariu]
traductor (m)	tradutor (m)	[trɐdut'or]
intérprete (m)	intérprete (m)	[ĩt'ɛrprɐtə]
guía (m)	guia (m)	[g'iɐ]

peluquero (m)	cabeleireiro (m)	[kɐbələjr'ejru]
cartero (m)	carteiro (m)	[kɐrt'ejru]
vendedor (m)	vendedor (m)	[vẽdəd'or]

jardinero (m)	jardineiro (m)	[ʒɐrdin'ejru]
servidor (m)	criado (m)	[krj'adu]
criada (f)	criada (f)	[krj'adɐ]
mujer (f) de la limpieza	empregada (f) de limpeza	[ẽprəg'adɐ də lĩp'ezɐ]

88. La profesión militar y los rangos

soldado (m) raso	soldado (m) raso	[sold'adu ʀ'azu]
sargento (m)	sargento (m)	[sɐrʒ'ẽtu]
teniente (m)	tenente (m)	[tən'ẽtə]
capitán (m)	capitão (m)	[kɐpit'ãu]

mayor (m)	major (m)	[mɐʒ'ɔr]
coronel (m)	coronel (m)	[kurun'ɛl]
general (m)	general (m)	[ʒənər'al]
mariscal (m)	marechal (m)	[mɐrəʃ'al]
almirante (m)	almirante (m)	[almir'ãtə]
militar (m)	militar (m)	[milit'ar]
soldado (m)	soldado (m)	[sold'adu]

oficial (m)	oficial (m)	[ɔfisjˈal]
comandante (m)	comandante (m)	[kumãdˈãtə]
guardafronteras (m)	guarda (m) fronteiriço	[guˈardɐ frõtɐjrˈisu]
radio-operador (m)	operador (m) de rádio	[ɔpərɐdˈor də ʀˈadiu]
explorador (m)	explorador (m)	[əʃplurɐdˈor]
zapador (m)	sapador (m)	[sɐpɐdˈor]
tirador (m)	atirador (m)	[ɐtirɐdˈor]
navegador (m)	navegador (m)	[nɐvəɡɐdˈor]

89. Los oficiales. Los sacerdotes

rey (m)	rei (m)	[ʀɐj]
reina (f)	rainha (f)	[ʀɐˈiɲɐ]
príncipe (m)	príncipe (m)	[prˈĩsipə]
princesa (f)	princesa (f)	[prĩsˈezɐ]
zar (m)	czar (m)	[kzˈar]
zarina (f)	czarina (f)	[kzɐrˈinɐ]
presidente (m)	presidente (m)	[prəzidˈẽtə]
ministro (m)	ministro (m)	[minˈiʃtru]
primer ministro (m)	primeiro-ministro (m)	[primˈɐjru minˈiʃtru]
senador (m)	senador (m)	[sənɐdˈor]
diplomático (m)	diplomata (m)	[diplumˈatɐ]
cónsul (m)	cônsul (m)	[kˈõsul]
embajador (m)	embaixador (m)	[ẽbajʃɐdˈor]
consejero (m)	conselheiro (m)	[kõsəʎˈɐjru]
funcionario (m)	funcionário (m)	[fũsiunˈariu]
prefecto (m)	prefeito (m)	[prəfˈɐjtu]
alcalde (m)	Presidente (m) da Câmara	[prəzidˈẽtɐ dɐ kˈemɐrɐ]
juez (m)	juiz (m)	[ʒuˈiʃ]
fiscal (m)	procurador (m)	[prɔkurɐdˈor]
misionero (m)	missionário (m)	[misiunˈariu]
monje (m)	monge (m)	[mˈõʒə]
abad (m)	abade (m)	[ɐbˈadə]
rabino (m)	rabino (m)	[ʀɐbˈinu]
visir (m)	vizir (m)	[vizˈir]
sha (m), shah (m)	xá (m)	[ʃa]
jeque (m)	xeque (m)	[ʃˈɛkə]

90. Las profesiones agrícolas

apicultor (m)	apicultor (m)	[ɐpikultˈor]
pastor (m)	pastor (m)	[pɐʃtˈor]
agrónomo (m)	agrónomo (m)	[ɐɡrˈɔnumu]

T&P Books. Vocabulario español-portugués - 5000 palabras más usadas

ganadero (m)	criador (m) de gado	[kriɐd'or dǝ g'adu]
veterinario (m)	veterinário (m)	[vǝtǝrin'ariu]
granjero (m)	agricultor (m)	[ɐgrikult'or]
vinicultor (m)	vinicultor (m)	[vinikult'or]
zoólogo (m)	zoólogo (m)	[zu'ɔlugu]
cowboy (m)	cowboy (m)	[kɔb'ɔj]

91. Las profesiones artísticas

actor (m)	ator (m)	[at'or]
actriz (f)	atriz (f)	[ɐtr'iʃ]
cantante (m)	cantor (m)	[kãt'or]
cantante (f)	cantora (f)	[kãt'orɐ]
bailarín (m)	bailarino (m)	[bajlɐr'inu]
bailarina (f)	bailarina (f)	[bajlɐr'inɐ]
artista (m)	artista (m)	[ɐrt'iʃtɐ]
artista (f)	artista (f)	[ɐrt'iʃtɐ]
músico (m)	músico (m)	[m'uziku]
pianista (m)	pianista (m)	[piɐn'iʃtɐ]
guitarrista (m)	guitarrista (m)	[gitɐʀ'iʃtɐ]
director (m) de orquesta	maestro (m)	[mɐ'ɛʃtru]
compositor (m)	compositor (m)	[kõpuzit'or]
empresario (m)	empresário (m)	[ẽprǝz'ariu]
director (m) de cine	realizador (m)	[ʀiɐlizɐd'or]
productor (m)	produtor (m)	[prudut'or]
guionista (m)	argumentista (m)	[ɐrgumẽt'iʃtɐ]
crítico (m)	crítico (m)	[kr'itiku]
escritor (m)	escritor (m)	[ǝʃkrit'or]
poeta (m)	poeta (m)	[pu'ɛtɐ]
escultor (m)	escultor (m)	[ǝʃkult'or]
pintor (m)	pintor (m)	[pĩt'or]
malabarista (m)	malabarista (m)	[mɐlɐbɐr'iʃtɐ]
payaso (m)	palhaço (m)	[pɐʎ'asu]
acróbata (m)	acrobata (m)	[ɐkrub'atɐ]
ilusionista (m)	mágico (m)	[m'aʒiku]

92. Profesiones diversas

médico (m)	médico (m)	[m'ɛdiku]
enfermera (f)	enfermeira (f)	[ẽfǝrm'ejrɐ]
psiquiatra (m)	psiquiatra (m)	[psiki'atrɐ]
estomatólogo (m)	estomatologista (m)	[ǝʃtumǝtuluʒ'iʃtɐ]
cirujano (m)	cirurgião (m)	[sirurʒj'ãu]

86

astronauta (m)	astronauta (m)	[eʃtrɔnˈaute]
astrónomo (m)	astrónomo (m)	[eʃtrˈɔnumu]
piloto (m)	piloto (m)	[pilˈotu]
conductor (m) (chófer)	motorista (m)	[muturˈiʃte]
maquinista (m)	maquinista (m)	[mekinˈiʃte]
mecánico (m)	mecânico (m)	[mekˈeniku]
minero (m)	mineiro (m)	[minˈejru]
obrero (m)	operário (m)	[ɔperˈariu]
cerrajero (m)	serralheiro (m)	[seʀeʎˈejru]
carpintero (m)	marceneiro (m)	[mersenˈejru]
tornero (m)	torneiro (m)	[turnˈejru]
albañil (m)	construtor (m)	[kõʃtrutˈor]
soldador (m)	soldador (m)	[soldɐdˈor]
profesor (m) (título)	professor (m) catedrático	[prufesˈor ketedrˈatiku]
arquitecto (m)	arquiteto (m)	[erkitˈɛtu]
historiador (m)	historiador (m)	[iʃturiedˈor]
científico (m)	cientista (m)	[siɛtˈiʃte]
físico (m)	físico (m)	[fˈiziku]
químico (m)	químico (m)	[kˈimiku]
arqueólogo (m)	arqueólogo (m)	[erkjˈɔlugu]
geólogo (m)	geólogo (m)	[ʒjˈɔlugu]
investigador (m)	investigador (m)	[ĩveʃtigedˈor]
niñera (f)	babysitter (f)	[bebisitˈer]
pedagogo (m)	professor (m)	[prufesˈor]
redactor (m)	redator (m)	[ʀedatˈor]
redactor jefe (m)	redator-chefe (m)	[ʀedatˈor ʃˈɛfe]
corresponsal (m)	correspondente (m)	[kuʀeʃpõdˈẽte]
mecanógrafa (f)	datilógrafa (f)	[detilˈɔgrefe]
diseñador (m)	designer (m)	[dizˈajner]
especialista (m) en ordenadores	especialista (m) em informática	[eʃpesielˈiʃte ən ĩfurmˈatike]
programador (m)	programador (m)	[prugremedˈor]
ingeniero (m)	engenheiro (m)	[ẽʒeɲˈejru]
marino (m)	marujo (m)	[merˈuʒu]
marinero (m)	marinheiro (m)	[meriɲˈejru]
socorrista (m)	salvador (m)	[salvedˈor]
bombero (m)	bombeiro (m)	[bõbˈejru]
policía (m)	polícia (m)	[pulˈisie]
vigilante (m) nocturno	guarda-noturno (m)	[guˈarde nɔtˈurnu]
detective (m)	detetive (m)	[detɛtˈive]
aduanero (m)	funcionário (m) da alfândega	[fũsiunˈariu de alfˈãdege]
guardaespaldas (m)	guarda-costas (m)	[guˈarde kˈɔʃteʃ]
guardia (m) de prisiones	guarda (m) prisional	[guˈarde priziunˈal]
inspector (m)	inspetor (m)	[ĩʃpɛtˈor]
deportista (m)	desportista (m)	[deʃpurtˈiʃte]
entrenador (m)	treinador (m)	[trejnedˈor]

carnicero (m)	carniceiro (m)	[kɐrniʃ'ɐjru]
zapatero (m)	sapateiro (m)	[sɐpɐt'ɐjru]
comerciante (m)	comerciante (m)	[kumərsj'ãtə]
cargador (m)	carregador (m)	[kɐʀəɡɐd'or]
diseñador (m) de modas	estilista (m)	[əʃtil'iʃtɐ]
modelo (f)	modelo (f)	[mud'elu]

93. Los trabajos. El estatus social

escolar (m)	escolar (m)	[əʃkul'ar]
estudiante (m)	estudante (m)	[əʃtud'ãtə]
filósofo (m)	filósofo (m)	[fil'ɔzufu]
economista (m)	economista (m)	[ekɔnum'iʃtɐ]
inventor (m)	inventor (m)	[ĩvẽt'or]
desempleado (m)	desempregado (m)	[dəzẽprəɡ'adu]
jubilado (m)	reformado (m)	[ʀəfurm'adu]
espía (m)	espião (m)	[əʃpj'ãu]
prisionero (m)	preso (m)	[pr'ezu]
huelguista (m)	grevista (m)	[ɡrɛv'iʃtɐ]
burócrata (m)	burocrata (m)	[burukr'atɐ]
viajero (m)	viajante (m)	[viɐʒ'ãtə]
homosexual (m)	homossexual (m)	[ɔmɔsɛksu'al]
pirata (m) informático	hacker (m)	['akɛr]
hippie (m)	hippie	['ipi]
bandido (m)	bandido (m)	[bãd'idu]
sicario (m)	assassino (m) a soldo	[ɐsɐs'inu ɐ s'oldu]
drogadicto (m)	toxicodependente (m)	[tɔksikɔdəpẽd'ẽtɐ]
narcotraficante (m)	traficante (m)	[trɐfik'ãtɐ]
prostituta (f)	prostituta (f)	[pruʃtit'utɐ]
chulo (m), proxeneta (m)	chulo (m)	[ʃ'ulu]
brujo (m)	bruxo (m)	[br'uʃu]
bruja (f)	bruxa (f)	[br'uʃɐ]
pirata (m)	pirata (m)	[pir'atɐ]
esclavo (m)	escravo (m)	[əʃkr'avu]
samurai (m)	samurai (m)	[sɐmur'aj]
salvaje (m)	selvagem (m)	[sɛlv'aʒẽj]

La educación

94. La escuela

escuela (f)	escola (f)	[əʃk'ɔlɐ]
director (m) de escuela	diretor (m) de escola	[dirɛt'or də əʃk'ɔlɐ]
alumno (m)	aluno (m)	[ɐl'unu]
alumna (f)	aluna (f)	[ɐl'unɐ]
escolar (m)	escolar (m)	[əʃkul'ar]
escolar (f)	escolar (f)	[əʃkul'ar]
enseñar (vt)	ensinar (vt)	[ẽsin'ar]
aprender (ingles, etc.)	aprender (vt)	[eprẽd'er]
aprender de memoria	aprender de cor	[eprẽd'er də kor]
aprender (a leer, etc.)	estudar (vi)	[əʃtud'ar]
estar en la escuela	andar na escola	[ãdar nɐ əʃk'ɔlɐ]
ir a la escuela	ir à escola	[ir a əʃk'ɔlɐ]
alfabeto (m)	alfabeto (m)	[alfɐb'ɛtu]
materia (f)	disciplina (f)	[diʃsipl'inɐ]
clase (f), aula (f)	sala (f) de aula	[s'alɐ də 'aulɐ]
lección (f)	lição, aula (f)	[lis'ãu], ['aulɐ]
recreo (m)	recreio (m)	[ʀəkr'eju]
campana (f)	toque (m)	[t'ɔkə]
pupitre (m)	carteira (f)	[kɐrt'ejrɐ]
pizarra (f)	quadro (m) negro	[ku'adru n'egru]
nota (f)	nota (f)	[n'ɔte]
buena nota (f)	boa nota (f)	[b'oɐ n'ɔte]
mala nota (f)	nota (f) baixa	[n'ɔtɐ b'ajʃɐ]
poner una nota	dar uma nota	[dar 'umɐ n'ɔte]
falta (f)	erro (m)	['eʀu]
hacer faltas	fazer erros	[fɐz'er 'eʀuʃ]
corregir (un error)	corrigir (vt)	[kuʀiʒ'ir]
chuleta (f)	cábula (f)	[k'abulɐ]
deberes (m pl) de casa	trabalho (m) de casa	[trɐb'aʎu də k'azɐ]
ejercicio (m)	exercício (m)	[ezərs'isiu]
estar presente	estar presente	[əʃt'ar prəz'ẽtɐ]
estar ausente	estar ausente	[əʃt'ar auz'ẽtɐ]
faltar a las clases	faltar às aulas	[falt'ar aʃ 'aulɐʃ]
castigar (vt)	punir (vt)	[pun'ir]
castigo (m)	punição (f)	[punis'ãu]
conducta (f)	comportamento (m)	[kõpurtɐm'ẽtu]

libreta (f) de notas	boletim (m) escolar	[bulət'ĩ əʃkul'ar]
lápiz (f)	lápis (m)	[l'apiʃ]
goma (f) de borrar	borracha (f)	[buʀ'aʃɐ]
tiza (f)	giz (m)	[ʒiʃ]
cartuchera (f)	estojo (m)	[əʃt'oʒu]

mochila (f)	pasta (f) escolar	[p'aʃtɐ əʃkul'ar]
bolígrafo (m)	caneta (f)	[kɐn'etɐ]
cuaderno (m)	caderno (m)	[kɐd'ɛrnu]
manual (m)	manual (m) escolar	[mɐnu'al əʃkul'ar]
compás (m)	compasso (m)	[kõp'asu]

trazar (vi, vt)	traçar (vt)	[trɐs'ar]
dibujo (m) técnico	desenho (m) técnico	[dəz'eɲu t'ɛkniku]

poema (m), poesía (f)	poesia (f)	[puez'iɐ]
de memoria (adv)	de cor	[də kor]
aprender de memoria	aprender de cor	[ɐprẽd'er də kor]

vacaciones (f pl)	férias (f pl)	[f'ɛriɐʃ]
estar de vacaciones	estar de férias	[əʃt'ar də f'ɛriɐʃ]
pasar las vacaciones	passar as férias	[pɐs'ar ɐʃ f'ɛriɐʃ]

prueba (f) escrita	teste (m)	[t'ɛʃtə]
composición (f)	composição, redação (f)	[kõpuzis'ãu], [ʀədas'ãu]
dictado (m)	ditado (m)	[dit'adu]
examen (m)	exame (m)	[ez'emə]
hacer un examen	fazer exame	[fɐz'er ez'emə]
experimento (m)	experiência (f)	[əʃpərj'ẽsiɐ]

95. Los institutos. La Universidad

academia (f)	academia (f)	[ɐkɐdəm'iɐ]
universidad (f)	universidade (f)	[univərsid'adə]
facultad (f)	faculdade (f)	[fɐkuld'adə]

estudiante (m)	estudante (m)	[əʃtud'ãtə]
estudiante (f)	estudante (f)	[əʃtud'ãtə]
profesor (m)	professor (m)	[prufəs'or]

aula (f)	sala (f) de palestras	[s'alɐ də pɐl'ɛʃtrɐʃ]
graduado (m)	graduado (m)	[grɐdu'adu]

diploma (m)	diploma (m)	[dipl'omɐ]
tesis (f) de grado	tese (f)	[t'ɛzə]

estudio (m)	estudo (m)	[əʃt'udu]
laboratorio (m)	laboratório (m)	[lɐburɐt'ɔriu]

clase (f)	palestra (f)	[pɐl'ɛʃtrɐ]
compañero (m) de curso	colega (m) de curso	[kul'ɛgɐ də k'ursu]

beca (f)	bolsa (f) de estudos	[b'olsɐ də əʃt'uduʃ]
grado (m) académico	grau (m) académico	[gr'au ɐkɐd'ɛmiku]

96. Las ciencias. Las disciplinas

matemáticas (f pl)	matemática (f)	[metəm'atike]
álgebra (f)	álgebra (f)	['alʒəbrɐ]
geometría (f)	geometria (f)	[ʒiumətr'iɐ]

astronomía (f)	astronomia (f)	[eʃtrunum'iɐ]
biología (f)	biologia (f)	[biuluʒ'iɐ]
geografía (f)	geografia (f)	[ʒiugrɐf'iɐ]
geología (f)	geologia (f)	[ʒiuluʒ'iɐ]
historia (f)	história (f)	[iʃt'ɔriɐ]

medicina (f)	medicina (f)	[mədis'inɐ]
pedagogía (f)	pedagogia (f)	[pədəguʒ'iɐ]
derecho (m)	direito (m)	[dir'ejtu]

física (f)	física (f)	[f'izikɐ]
química (f)	química (f)	[k'imikɐ]
filosofía (f)	filosofia (f)	[filuzuf'iɐ]
psicología (f)	psicologia (f)	[psikuluʒ'iɐ]

97. Los sistemas de escritura. La ortografía

gramática (f)	gramática (f)	[grɐm'atikɐ]
vocabulario (m)	léxico (m)	[l'ɛksiku]
fonética (f)	fonética (f)	[fon'ɛtikɐ]

sustantivo (m)	substantivo (m)	[subʃtɐ̃t'ivu]
adjetivo (m)	adjetivo (m)	[ɐdʒɛt'ivu]
verbo (m)	verbo (m)	[v'ɛrbu]
adverbio (m)	advérbio (m)	[ɐdv'ɛrbiu]

pronombre (m)	pronome (m)	[prun'omə]
interjección (f)	interjeição (f)	[ĩtɛrʒejs'ɐ̃u]
preposición (f)	preposição (f)	[prəpuzis'ɐ̃u]

raíz (f), radical (m)	raiz (f) da palavra	[ʀɐ'iʃ dɐ pɐl'avrɐ]
desinencia (f)	terminação (f)	[tərminɐs'ɐ̃u]
prefijo (m)	prefixo (m)	[prəf'iksu]
sílaba (f)	sílaba (f)	[s'ilɐbɐ]
sufijo (m)	sufixo (m)	[suf'iksu]

acento (m)	acento (m)	[ɐs'ẽtu]
apóstrofo (m)	apóstrofo (m)	[ɐp'ɔʃtrofu]

punto (m)	ponto (m)	[p'õtu]
coma (f)	vírgula (f)	[v'irgulɐ]
punto y coma	ponto e vírgula (m)	[p'õtu ə v'irgulɐ]
dos puntos (m pl)	dois pontos (m pl)	[d'ojʃ p'õtuʃ]
puntos (m pl) suspensivos	reticências (f pl)	[ʀətis'ẽsieʃ]

signo (m) de interrogación	ponto (m) de interrogação	[p'õtu də ĩtəʀugɐs'ɐ̃u]
signo (m) de admiración	ponto (m) de exclamação	[p'õtu də əʃklɐmɐs'ɐ̃u]

comillas (f pl)	aspas (f pl)	[ˈaʃpɐʃ]
entre comillas	entre aspas	[ẽtrə ˈaʃpɐʃ]
paréntesis (m)	parênteses (m pl)	[pɐrˈẽtəzəʃ]
entre paréntesis	entre parênteses	[ẽtrə pɐrˈẽtəzəʃ]

guión (m)	hífen (m)	[ˈifɛn]
raya (f)	travessão (m)	[trɐvəsˈãu]
blanco (m)	espaço (m)	[əʃpˈasu]

| letra (f) | letra (f) | [lˈetrɐ] |
| letra (f) mayúscula | letra (f) maiúscula | [lˈetrɐ mɐjˈuʃkulɐ] |

| vocal (f) | vogal (f) | [vugˈal] |
| consonante (m) | consoante (f) | [kõsuˈãtə] |

oración (f)	frase (f)	[frˈazə]
sujeto (m)	sujeito (m)	[suʒˈejtu]
predicado (m)	predicado (m)	[prədikˈadu]

línea (f)	linha (f)	[lˈiɲɐ]
en una nueva línea	em uma nova linha	[ɛn ˈumɐ nˈɔvɐ lˈiɲɐ]
párrafo (m)	parágrafo (m)	[pɐrˈagrɐfu]

palabra (f)	palavra (f)	[pɐlˈavrɐ]
combinación (f) de palabras	grupo (m) de palavras	[grˈupu də pɐlˈavrɐʃ]
expresión (f)	expressão (f)	[əʃprəsˈãu]
sinónimo (m)	sinónimo (m)	[sinˈɔnimu]
antónimo (m)	antónimo (m)	[ãtˈɔnimu]

regla (f)	regra (f)	[ʀˈɛgrɐ]
excepción (f)	exceção (f)	[əʃsɛsˈãu]
correcto (adj)	correto	[kuʀˈɛtu]

conjugación (f)	conjugação (f)	[kõʒugɐsˈãu]
declinación (f)	declinação (f)	[dəklinɐsˈãu]
caso (m)	caso (m)	[kˈazu]
pregunta (f)	pergunta (f)	[pərgˈũtɐ]
subrayar (vt)	sublinhar (vt)	[subliɲˈar]
línea (f) de puntos	linha (f) pontilhada	[lˈiɲɐ põtiʎˈadɐ]

98. Los idiomas extranjeros

lengua (f)	língua (f)	[lˈĩguɐ]
extranjero (adj)	estrangeiro	[əʃtrɐ̃ʒˈejru]
lengua (f) extranjera	língua (f) estrangeira	[lˈĩguɐ əʃtrɐ̃ʒˈejrɐ]
estudiar (vt)	estudar (vt)	[əʃtudˈar]
aprender (ingles, etc.)	aprender (vt)	[eprẽdˈer]

leer (vi, vt)	ler (vt)	[ler]
hablar (vi, vt)	falar (vi)	[fɐlˈar]
comprender (vt)	compreender (vt)	[kõpriẽdˈer]
escribir (vt)	escrever (vt)	[əʃkrɐvˈer]
rápidamente (adv)	rapidamente	[ʀapidɐmˈẽtɐ]
lentamente (adv)	devagar	[dəvɐgˈar]

con fluidez (adv)	fluentemente	[fluẽtəm'ẽtə]
reglas (f pl)	regras (f pl)	[ʀ'ɛgrɐʃ]
gramática (f)	gramática (f)	[grɐm'atikɐ]
vocabulario (m)	léxico (m)	[l'ɛksiku]
fonética (f)	fonética (f)	[fɔn'ɛtikɐ]
manual (m)	manual (m) escolar	[mɐnu'al əʃkul'ar]
diccionario (m)	dicionário (m)	[disiun'ariu]
manual (m) autodidáctico	manual (m) de autoaprendizagem	[mɐnu'al də 'autɔəprẽdiz'aʒẽj]
guía (f) de conversación	guia (m) de conversação	[g'iɐ də kõvərsɐs'ɐ̃u]
casete (m)	cassete (f)	[kas'ɛtɐ]
videocasete (f)	cassete (f) de vídeo	[kas'ɛtɐ də v'idiu]
CD (m)	CD, disco (m) compacto	[s'ɛdɛ], [d'iʃku kõp'aktu]
DVD (m)	DVD (m)	[dɛvɛd'ɛ]
alfabeto (m)	alfabeto (m)	[alfɐb'ɛtu]
deletrear (vt)	soletrar (vt)	[sulətr'ar]
pronunciación (f)	pronúncia (f)	[prun'ũsiɐ]
acento (m)	sotaque (m)	[sut'akɐ]
con acento	com sotaque	[kõ sut'akɐ]
sin acento	sem sotaque	[sẽ sut'akɐ]
palabra (f)	palavra (f)	[pɐl'avrɐ]
significado (m)	sentido (m)	[sẽt'idu]
cursos (m pl)	cursos (m pl)	[k'ursuʃ]
inscribirse (vr)	inscrever-se (vp)	[ĩʃkrəv'ersə]
profesor (m) (~ de inglés)	professor (m)	[prufəs'or]
traducción (f) (proceso)	tradução (f)	[trɐdus'ɐ̃u]
traducción (f) (texto)	tradução (f)	[trɐdus'ɐ̃u]
traductor (m)	tradutor (m)	[trɐdut'or]
intérprete (m)	intérprete (m)	[ĩt'ɛrprətɐ]
políglota (m)	poliglota (m)	[poligl'ɔtɐ]
memoria (f)	memória (f)	[məm'ɔriɐ]

Los restaurantes. El entretenimiento. El viaje

99. El viaje. Viajar

turismo (m)	turismo (m)	[tuɾ'iʒmu]
turista (m)	turista (m)	[tuɾ'iʃtɐ]
viaje (m)	viagem (f)	[vj'aʒẽj]
aventura (f)	aventura (f)	[ɐvẽt'uɾɐ]
viaje (m)	viagem (f)	[vj'aʒẽj]
vacaciones (f pl)	férias (f pl)	[f'ɛɾiɐʃ]
estar de vacaciones	estar de férias	[ɐʃt'ar də f'ɛɾiɐʃ]
descanso (m)	descanso (m)	[dəʃk'ɐ̃su]
tren (m)	comboio (m)	[kõb'ɔju]
en tren	de comboio	[də kõb'ɔju]
avión (m)	avião (m)	[ɐvj'ɐ̃u]
en avión	de avião	[də ɐvj'ɐ̃u]
en coche	de carro	[də k'aʀu]
en barco	de navio	[də nɐv'iu]
equipaje (m)	bagagem (f)	[bɐg'aʒẽj]
maleta (f)	mala (f)	[m'alɐ]
carrito (m) de equipaje	carrinho (m)	[kɐʀ'iɲu]
pasaporte (m)	passaporte (m)	[pasɐp'ɔrtə]
visado (m)	visto (m)	[v'iʃtu]
billete (m)	bilhete (m)	[biʎ'etə]
billete (m) de avión	bilhete (m) de avião	[biʎ'etə də ɐvj'ɐ̃u]
guía (f) (libro)	guia (m) de viagem	[g'iɐ də vi'aʒẽj]
mapa (m)	mapa (m)	[m'apɐ]
área (m) (~ rural)	local (m), area (f)	[luk'al], [ɐɾ'ɛɐ]
lugar (m)	lugar, sítio (m)	[lug'ar], [s'itiu]
exotismo (m)	exotismo (m)	[ezut'iʒmu]
exótico (adj)	exótico	[ez'ɔtiku]
asombroso (adj)	surpreendente	[surpriẽd'ẽtə]
grupo (m)	grupo (m)	[gɾ'upu]
excursión (f)	excursão (f)	[əʃkurs'ɐ̃u]
guía (m) (persona)	guia (m)	[g'iɐ]

100. El hotel

hotel (m)	hotel (m)	[ɔt'ɛl]
motel (m)	motel (m)	[mut'ɛl]
de tres estrellas	três estrelas	[tɾ'eʃ əʃtɾ'elɐʃ]

de cinco estrellas	cinco estrelas	[sĩku əʃtrˈeleʃ]
hospedarse (vr)	ficar (vi, vt)	[fikˈar]
habitación (f)	quarto (m)	[kuˈartu]
habitación (f) individual	quarto (m) individual	[kuˈartu ĩdividuˈal]
habitación (f) doble	quarto (m) duplo	[kuˈartu dˈuplu]
reservar una habitación	reservar um quarto	[ʀəzərvˈar ũ kuˈartu]
media pensión (f)	meia pensão (f)	[mˈeje pẽsˈãu]
pensión (f) completa	pensão (f) completa	[pẽsˈãu kõplˈɛte]
con baño	com banheira	[kõ bɐɲˈejrɐ]
con ducha	com duche	[kõ dˈuʃə]
televisión (f) satélite	televisão (m) satélite	[tələvizˈãu setˈɛlitə]
climatizador (m)	ar (m) condicionado	[ar kõdisiunˈadu]
toalla (f)	toalha (f)	[tuˈaʎɐ]
llave (f)	chave (f)	[ʃavə]
administrador (m)	administrador (m)	[edminiʃtredˈor]
camarera (f)	camareira (f)	[kɐmɐrˈejrɐ]
maletero (m)	bagageiro (m)	[bɐɡɐʒˈejru]
portero (m)	porteiro (m)	[purtˈejru]
restaurante (m)	restaurante (m)	[ʀəʃtaurˈãtə]
bar (m)	bar (m)	[bar]
desayuno (m)	pequeno-almoço (m)	[pəkˈenu almˈosu]
cena (f)	jantar (m)	[ʒãtˈar]
buffet (m) libre	buffet (m)	[bufˈe]
vestíbulo (m)	hall (m) de entrada	[ɔl də ẽtrˈadɐ]
ascensor (m)	elevador (m)	[eləvɐdˈor]
NO MOLESTAR	NÃO PERTURBE	[nˈãu pərtˈurbə]
PROHIBIDO FUMAR	PROIBIDO FUMAR!	[pruibˈidu fumˈar]

EL EQUIPO TÉCNICO. EL TRANSPORTE

El equipo técnico

101. El computador

ordenador (m)	computador (m)	[kõputɐd'or]
ordenador (m) portátil	portátil (m)	[purt'atil]
encender (vt)	ligar (vt)	[lig'ar]
apagar (vt)	desligar (vt)	[dəʒlig'ar]
teclado (m)	teclado (m)	[tɛkl'adu]
tecla (f)	tecla (f)	[t'ɛklɐ]
ratón (m)	rato (m)	[ʀ'atu]
alfombrilla (f) para ratón	tapete (m) de rato	[tɐp'etə də ʀ'atu]
botón (m)	botão (m)	[but'ãu]
cursor (m)	cursor (m)	[kurs'or]
monitor (m)	monitor (m)	[munit'or]
pantalla (f)	ecrã (m)	[ɛkr'ã]
disco (m) duro	disco (m) rígido	[d'iʃku ʀ'iʒidu]
volumen (m) de disco duro	capacidade (f) do disco rígido	[kɐpɐsid'adə du d'iʃku ʀ'iʒidu]
memoria (f)	memória (f)	[məm'ɔriɐ]
memoria (f) operativa	memória (f) operativa	[məm'ɔriɐ ɔpəret'ivɐ]
archivo, fichero (m)	ficheiro (m)	[fiʃ'ejru]
carpeta (f)	pasta (f)	[p'aʃtɐ]
abrir (vt)	abrir (vt)	[ɐbr'ir]
cerrar (vt)	fechar (vt)	[fəʃ'ar]
guardar (un archivo)	guardar (vt)	[guɐrd'ar]
borrar (vt)	apagar, eliminar (vt)	[ɐpɐg'ar], [elimin'ar]
copiar (vt)	copiar (vt)	[kupj'ar]
ordenar (vt) (~ de A a Z, etc.)	ordenar (vt)	[ɔrdən'ar]
copiar (vt)	copiar (vt)	[kupj'ar]
programa (m)	programa (m)	[prugr'ɐmɐ]
software (m)	software (m)	[s'ɔftuɛr]
programador (m)	programador (m)	[prugrɐmɐd'or]
programar (vt)	programar (vt)	[prugrɐm'ar]
pirata (m) informático	hacker (m)	['akɛr]
contraseña (f)	senha (f)	[s'ɐɲɐ]
virus (m)	vírus (m)	[v'iruʃ]
detectar (vt)	detetar (vt)	[dətɛt'ar]

octeto (m)	byte (m)	[b'ajtə]
megaocteto (m)	megabyte (m)	[mɛgɐb'ajtə]
datos (m pl)	dados (m pl)	[d'aduʃ]
base (f) de datos	base (f) de dados	[b'azɐ də d'aduʃ]
cable (m)	cabo (m)	[k'abu]
desconectar (vt)	desconectar (vt)	[dəʃkunɛt'ar]
conectar (vt)	conetar (vt)	[kunɛt'ar]

102. El internet. El correo electrónico

internet (m), red (f)	internet (f)	[ĩtɛrn'ɛtə]
navegador (m)	browser (m)	[br'auzɐr]
buscador (m)	motor (m) de busca	[mut'or də b'uʃkɐ]
proveedor (m)	provedor (m)	[pruvəd'or]
webmaster (m)	webmaster (m)	[wɛbm'astɛr]
sitio (m) web	website, sítio wob (m)	[wɛbsitə], [s'itiu wɛb]
página (f) web	página (f) web	[p'aʒinɐ wɛb]
dirección (f)	endereço (m)	[ẽdər'esu]
libro (m) de direcciones	livro (m) de endereços	[l'ivru də ẽdər'esuʃ]
buzón (m)	caixa (f) de correio	[k'ajʃɐ də kuʀ'eju]
correo (m)	correio (m)	[kuʀ'eju]
lleno (adj)	cheia	[ʃ'ejɐ]
mensaje (m)	mensagem (f)	[mẽs'aʒẽj]
correo (m) entrante	mensagens recebidas	[mẽs'aʒẽjʃ ʀəsəb'ideʃ]
correo (m) saliente	mensagens enviadas	[mẽs'aʒẽjʃ ẽvj'adeʃ]
expedidor (m)	remetente (m)	[ʀəmət'ẽtə]
enviar (vt)	enviar (vt)	[ẽvj'ar]
envío (m)	envio (m)	[ẽv'iu]
destinatario (m)	destinatário (m)	[dəʃtinɛt'ariu]
recibir (vt)	receber (vt)	[ʀəsəb'er]
correspondencia (f)	correspondência (f)	[kuʀəʃpõd'ẽsiɐ]
escribirse con ...	corresponder-se (vp)	[kuʀəʃpõd'ersə]
archivo, fichero (m)	ficheiro (m)	[fiʃ'ejru]
descargar (vt)	fazer download, baixar (vt)	[fez'er daunl'oɐd], [bajʃ'ar]
crear (vt)	criar (vt)	[kri'ar]
borrar (vt)	apagar, eliminar (vt)	[ɐpɐg'ar], [elimin'ar]
borrado (adj)	eliminado	[elimin'adu]
conexión (f) (ADSL, etc.)	ligação (f)	[ligɐs'ãu]
velocidad (f)	velocidade (f)	[vəlusid'adə]
módem (m)	modem (m)	[m'ɔdɛm]
acceso (m)	acesso (m)	[ɐs'ɛsu]
puerto (m)	porta (f)	[p'ɔrtɐ]
conexión (f) (establecer la ~)	conexão (f)	[kunɛks'ãu]
conectarse a ...	conetar (vi)	[kunɛt'ar]

seleccionar (vt) | escolher (vt) | [əʃkuʎ'er]
buscar (vt) | buscar (vt) | [buʃk'ar]

103. La electricidad

electricidad (f)	eletricidade (f)	[elɛtrisid'adə]
eléctrico (adj)	elétrico	[el'ɛtriku]
central (f) eléctrica	central (f) elétrica	[sẽtr'al el'ɛtrikɐ]
energía (f)	energia (f)	[enərʒ'iɐ]
energía (f) eléctrica	energia (f) elétrica	[enərʒ'iɐ el'ɛtrikɐ]
bombilla (f)	lâmpada (f)	[l'ãpɐdɐ]
linterna (f)	lanterna (f)	[lãt'ɛrnɐ]
farola (f)	poste (m) de iluminação	[p'ɔʃtə də ilumines'ãu]
luz (f)	luz (f)	[luʃ]
encender (vt)	ligar (vt)	[lig'ar]
apagar (vt)	desligar (vt)	[dəʒlig'ar]
apagar la luz	apagar a luz	[ɐpɐg'ar ɐ luʃ]
quemarse (vr)	fundir (vi)	[fũd'ir]
circuito (m) corto	curto-circuito (m)	[k'urtu sirk'uitu]
ruptura (f)	rutura (f)	[ʀut'urɐ]
contacto (m)	contacto (m)	[kõt'aktu]
interruptor (m)	interruptor (m)	[ĩtəʀupt'or]
enchufe (m)	tomada (f)	[tum'adɐ]
clavija (f)	ficha (f)	[f'iʃɐ]
alargador (m)	extensão (f)	[əʃtẽs'ãu]
fusible (m)	fusível (m)	[fuz'ivɛl]
hilo (m)	fio, cabo (m)	[f'iu], [k'abu]
instalación (f) eléctrica	instalação (f) elétrica	[ĩʃtɐlɐs'ãu el'ɛtrikɐ]
amperio (m)	ampere (m)	[ãp'ɛrɐ]
amperaje (m)	amperagem (f)	[ãpər'aʒẽj]
voltio (m)	volt (m)	[v'ɔltɐ]
voltaje (m)	voltagem (f)	[vɔlt'aʒẽj]
aparato (m) eléctrico	aparelho (m) elétrico	[ɐpɐr'eʎu el'ɛtriku]
indicador (m)	indicador (m)	[ĩdikɐd'or]
electricista (m)	eletricista (m)	[elɛtris'iʃtɐ]
soldar (vt)	soldar (vt)	[sold'ar]
soldador (m)	ferro (m) de soldar	[f'ɛʀu də sold'ar]
corriente (f)	corrente (f) elétrica	[kuʀ'ẽtə el'ɛtrikɐ]

104. Las herramientas

instrumento (m)	ferramenta (f)	[fəʀɐm'ẽtɐ]
instrumentos (m pl)	ferramentas (f pl)	[fəʀɐm'ẽtɐʃ]
maquinaria (f)	equipamento (m)	[ekipɐm'ẽtu]

martillo (m)	martelo (m)	[mɐrt'ɛlu]
destornillador (m)	chave (f) de fendas	[ʃavə də f'ēdəʃ]
hacha (f)	machado (m)	[mɐʃadu]
sierra (f)	serra (f)	[s'ɛʀɐ]
serrar (vt)	serrar (vt)	[səʀ'ar]
cepillo (m)	plaina (f)	[pl'ajnɐ]
cepillar (vt)	aplainar (vt)	[ɐplajn'ar]
soldador (m)	ferro (m) de soldar	[f'ɛʀu də sold'ar]
soldar (vt)	soldar (vt)	[sold'ar]
lima (f)	lima (f)	[l'imɐ]
tenazas (f pl)	tenaz (f)	[tən'aʃ]
alicates (m pl)	alicate (m)	[ɐlik'atə]
escoplo (m)	formão (m)	[furm'ãu]
broca (f)	broca (f)	[br'ɔkɐ]
taladro (m)	berbequim (f)	[bərbək'ĩ]
taladrar (vi, vt)	furar (vt)	[fur'ar]
cuchillo (m)	faca (f)	[f'akɐ]
navaja (f)	canivete (m)	[kɐniv'ɛtə]
plegable (adj)	articulado	[ɐrtikul'adu]
filo (m)	lâmina (f)	[l'ɐminɐ]
agudo (adj)	afiado	[ɐfj'adu]
embotado (adj)	cego	[s'ɛgu]
embotarse (vr)	embotar-se (vp)	[ēbut'arsə]
afilar (vt)	afiar, amolar (vt)	[ɐfj'ar], [ɐmul'ar]
perno (m)	parafuso (m)	[pɐrɐf'uzu]
tuerca (f)	porca (f)	[p'ɔrkɐ]
filete (m)	rosca (f)	[ʀ'oʃkɐ]
tornillo (m)	parafuso (m) para madeira	[pɐrɐf'uzu p'ɐrɐ mɐd'ɐjrɐ]
clavo (m)	prego (m)	[pr'egu]
cabeza (f) del clavo	cabeça (f) do prego	[kɐb'esɐ du pr'egu]
regla (f)	régua (f)	[ʀ'ɛguɐ]
cinta (f) métrica	fita (f) métrica	[f'itɐ m'ɛtrikɐ]
nivel (m) de burbuja	nível (m)	[n'ivɛl]
lupa (f)	lupa (f)	[l'upɐ]
aparato (m) de medida	medidor (m)	[mədid'or]
medir (vt)	medir (vt)	[məd'ir]
escala (f) (~ métrica)	escala (f)	[əʃk'alɐ]
lectura (f)	leitura (f)	[lejt'urɐ]
compresor (m)	compressor (m)	[kõprəs'or]
microscopio (m)	microscópio (m)	[mikrɔʃk'ɔpiu]
bomba (f) (~ de agua)	bomba (f)	[b'õbɐ]
robot (m)	robô (m)	[ʀob'o]
láser (m)	laser (m)	[l'ejzɛr]
llave (f) de tuerca	chave (f) de boca	[ʃavə də b'okɐ]
cinta (f) adhesiva	fita (f) adesiva	[f'itɐ ɐdəz'ivɐ]

pegamento (m)	cola (f)	[kʼɔlɐ]
papel (m) de lija	lixa (f)	[lʼiʃɐ]
resorte (m)	mola (f)	[mʼɔlɐ]
imán (m)	íman (m)	[ʼimɐn]
guantes (m pl)	luvas (f pl)	[lʼuvɐʃ]

cuerda (f)	corda (f)	[kʼɔrdɐ]
cordón (m)	cordel (m)	[kurdʼɛl]
hilo (m) (~ eléctrico)	fio (m)	[fʼiu]
cable (m)	cabo (m)	[kʼabu]

almádana (f)	marreta (f)	[mɐRʼɛtɐ]
barra (f)	pé de cabra (f)	[pɛ də kʼabrɐ]
escalera (f) portátil	escada (f) de mão	[əʃkʼadɐ də mʼãu]
escalera (f) de tijera	escadote (m)	[əʃkɐdʼɔtə]

atornillar (vt)	enroscar (vt)	[ẽRuʃkʼar]
destornillar (vt)	desenroscar (vt)	[dəzẽRuʃkʼar]
apretar (vt)	apertar (vt)	[əpərtʼar]
pegar (vt)	colar (vt)	[kulʼar]
cortar (vt)	cortar (vt)	[kurtʼar]

fallo (m)	falha (f)	[fʼaʎɐ]
reparación (f)	conserto (m)	[kõsʼɛrtu]
reparar (vt)	consertar, reparar (vt)	[kõsərtʼar], [Rəpərʼar]
regular, ajustar (vt)	regular, ajustar (vt)	[Rəgulʼar], [əʒuʃtʼar]

verificar (vt)	verificar (vt)	[vərifikʼar]
control (m)	verificação (f)	[vərifikɐsʼãu]
lectura (f) (~ del contador)	leitura (f)	[lɐjtʼurɐ]

fiable (máquina)	seguro	[səgʼuru]
complicado (adj)	complicado	[kõplikʼadu]

oxidarse (vr)	enferrujar (vi)	[ẽfəRuʒʼar]
oxidado (adj)	enferrujado	[ẽfəRuʒʼadu]
óxido (m)	ferrugem (f)	[fəRʼuʒẽj]

El transporte

105. El avión

avión (m)	avião (m)	[evj'ãu]
billete (m) de avión	bilhete (m) de avião	[biʎ'etɐ də evj'ãu]
compañía (f) aérea	companhia (f) aérea	[kõpɐɲ'iɐ ɐ'ɛriɐ]
aeropuerto (m)	aeroporto (m)	[ɛɛrɔp'ortu]
supersónico (adj)	supersónico	[supərs'ɔniku]
comandante (m)	comandante (m) do avião	[kumãd'ãtɐ du evj'ãu]
tripulación (f)	tripulação (f)	[tripulɐs'ãu]
piloto (m)	piloto (m)	[pil'otu]
azafata (f)	hospedeira (f) de bordo	[ɔʃpəd'ejrɐ də b'ɔrdu]
navegador (m)	copiloto (m)	[kopil'otu]
alas (f pl)	asas (f pl)	['azɐʃ]
cola (f)	cauda (f)	[k'audɐ]
cabina (f)	cabine (f)	[kɐb'inə]
motor (m)	motor (m)	[mut'or]
tren (m) de aterrizaje	trem (m) de aterragem	[trẽj də ɐtəʀ'aʒẽj]
turbina (f)	turbina (f)	[turb'inɐ]
hélice (f)	hélice (f)	['ɛlisə]
caja (f) negra	caixa (f) negra	[k'ajʃɐ n'egrɐ]
timón (m)	coluna (f) de controle	[kul'unɐ də kõtr'ɔlə]
combustible (m)	combustível (m)	[kõbuʃt'ivɛl]
instructivo (m) de seguridad	instruções (f pl) de segurança	[iʃtrus'ojʃ də səguɾ'ãsɐ]
respirador (m) de oxígeno	máscara (f) de oxigénio	[m'aʃkɐrɐ də ɔksiʒ'ɛniu]
uniforme (m)	uniforme (m)	[unif'ɔrmə]
chaleco (m) salvavidas	colete (m) salva-vidas	[kul'etɐ s'alvɐ v'idɐʃ]
paracaídas (m)	paraquedas (m)	[pɐrɐk'ɛdɐʃ]
despegue (m)	descolagem (f)	[dəʃkul'aʒẽj]
despegar (vi)	descolar (vi)	[dəʃkul'ar]
pista (f) de despegue	pista (f) de descolagem	[p'iʃtɐ də dəʃkul'aʒẽj]
visibilidad (f)	visibilidade (f)	[vizibilid'adə]
vuelo (m) (~ de pájaro)	voo (m)	[v'ou]
altura (f)	altura (f)	[alt'urɐ]
pozo (m) de aire	poço (m) de ar	[p'osu də 'ar]
asiento (m)	assento (m)	[ɐs'ẽtu]
auriculares (m pl)	auscultadores (m pl)	[auʃkultɐd'orəʃ]
mesita (f) plegable	mesa (f) rebatível	[m'ezɐ ʀəbɐt'ivɛl]
ventana (f)	vigia (f)	[viʒ'iɐ]
pasillo (m)	passagem (f)	[pɐs'aʒẽj]

106. El tren

tren (m)	comboio (m)	[kõb'ɔju]
tren (m) eléctrico	comboio (m) suburbano	[kõb'ɔju suburb'enu]
tren (m) rápido	comboio (m) rápido	[kõb'ɔju ʀ'apidu]
locomotora (f) diésel	locomotiva (f) diesel	[lukumut'ive d'izɛl]
tren (m) de vapor	comboio (m) a vapor	[kõb'ɔju ɐ vɐp'or]
coche (m)	carruagem (f)	[kɐʀu'aʒẽj]
coche (m) restaurante	carruagem restaurante (f)	[kɐʀu'aʒẽj ʀəʃtaur'ãtə]
rieles (m pl)	trilhos (m pl)	[tr'iʎuʃ]
ferrocarril (m)	caminho de ferro (m)	[kɐm'iɲu də f'ɛʀu]
traviesa (f)	travessa (f)	[trɐv'ɛsɐ]
plataforma (f)	plataforma (f)	[plɐtɐf'ɔrmɐ]
vía (f)	linha (f)	[l'iɲɐ]
semáforo (m)	semáforo (m)	[səm'afuru]
estación (f)	estação (f)	[əʃtɐs'ãu]
maquinista (m)	maquinista (m)	[mɐkin'iʃtɐ]
maletero (m)	bagageiro (m)	[bɐgɐʒ'ejru]
mozo (m) del vagón	condutor (m)	[kõdut'or]
pasajero (m)	passageiro (m)	[pɐsɐʒ'ejru]
revisor (m)	revisor (m)	[ʀɐviz'or]
corredor (m)	corredor (m)	[kuʀəd'or]
freno (m) de urgencia	freio (m) de emergência	[fr'eju də emərʒ'ẽsiɐ]
compartimiento (m)	compartimento (m)	[kõpɐrtim'ẽtu]
litera (f)	cama (f)	[k'ɐmɐ]
litera (f) de arriba	cama (f) de cima	[k'ɐmɐ də s'imɐ]
litera (f) de abajo	cama (f) de baixo	[k'ɐmɐ də b'ajʃu]
ropa (f) de cama	roupa (f) de cama	[ʀ'opɐ də k'ɐmɐ]
billete (m)	bilhete (m)	[biʎ'etə]
horario (m)	horário (m)	[ɔr'ariu]
pantalla (f) de información	painel (m) de informação	[pajn'ɛl də ĩfurmɐs'ãu]
partir (vi)	partir (vt)	[pɐrt'ir]
partida (f) (del tren)	partida (f)	[pɐrt'idɐ]
llegar (tren)	chegar (vi)	[ʃəg'ar]
llegada (f)	chegada (f)	[ʃəg'adɐ]
llegar en tren	chegar de comboio	[ʃəg'ar də kõb'ɔju]
tomar el tren	apanhar o comboio	[ɐpɐɲ'ar u kõb'ɔju]
bajar del tren	sair do comboio	[sɐ'ir du kõb'ɔju]
descarrilamiento (m)	acidente (m) ferroviário	[ɐsid'ẽtə fɛʀɔvj'ariu]
descarrilarse (vr)	descarrilar (vi)	[dəʃkɐʀil'ar]
tren (m) de vapor	comboio (m) a vapor	[kõb'ɔju ɐ vɐp'or]
fogonero (m)	fogueiro (m)	[fug'ejru]
hogar (m)	fornalha (f)	[furn'aʎɐ]
carbón (m)	carvão (m)	[kɐrv'ãu]

107. El barco

buque (m)	navio (m)	[nɐv'iu]
navío (m)	embarcação (f)	[ēbɐrkɐs'ãu]
buque (m) de vapor	vapor (m)	[vɐp'or]
motonave (m)	navio (m)	[nɐv'iu]
trasatlántico (m)	transatlântico (m)	[trãzɐtl'ãtiku]
crucero (m)	cruzador (m)	[kruzɐd'or]
yate (m)	iate (m)	[j'atə]
remolcador (m)	rebocador (m)	[ʀəbukɐd'or]
barcaza (f)	barcaça (f)	[bɐrk'asə]
ferry (m)	ferry (m)	[f'ɛʀi]
velero (m)	veleiro (m)	[vəl'ejru]
bergantín (m)	bergantim (m)	[bərgãt'ĩ]
rompehielos (m)	quebra-gelo (m)	[k'ɛbrɐ ʒ'ɛlu]
submarino (m)	submarino (m)	[submɐr'inu]
bote (m) de remo	bote, barco (m)	[b'ɔtə], [b'arku]
bote (m)	bote, dingue (m)	[b'ɔtə], [d'ĩgə]
bote (m) salvavidas	bote (m) salva-vidas	[b'ɔtə s'alvɐ v'idɐʃ]
lancha (f) motora	lancha (f)	[l'ãʃɐ]
capitán (m)	capitão (m)	[kɐpit'ãu]
marinero (m)	marinheiro (m)	[mɐriɲ'ejru]
marino (m)	marujo (m)	[mɐr'uʒu]
tripulación (f)	tripulação (f)	[tripulɐs'ãu]
contramaestre (m)	contramestre (m)	[kõtrɐm'ɛʃtrə]
grumete (m)	grumete (m)	[grum'ɛtə]
cocinero (m) de a bordo	cozinheiro (m) de bordo	[kuziɲ'ejru də b'ɔrdu]
médico (m) del buque	médico (m) de bordo	[m'ɛdiku də b'ɔrdu]
cubierta (f)	convés (m)	[kõv'ɛʃ]
mástil (m)	mastro (m)	[m'aʃtru]
vela (f)	vela (f)	[v'ɛlɐ]
bodega (f)	porão (m)	[pur'ãu]
proa (f)	proa (f)	[pr'oɐ]
popa (f)	popa (f)	[p'opɐ]
remo (m)	remo (m)	[ʀ'ɛmu]
hélice (f)	hélice (f)	['ɛlisə]
camarote (m)	camarote (m)	[kɐmɐr'ɔtə]
sala (f) de oficiales	sala (f) dos oficiais	[s'alɐ duʃ ɔfisj'ajʃ]
sala (f) de máquinas	sala (f) das máquinas	[s'alɐ dɐʃ m'akinɐʃ]
puente (m) de mando	ponte (m) de comando	[p'õtə də kum'ãdu]
sala (f) de radio	sala (f) de comunicações	[s'alɐ də kumunikɐs'õjʃ]
onda (f)	onda (f)	['õdɐ]
cuaderno (m) de bitácora	diário (m) do bordo	[dj'ariu də b'ɔrdu]
anteojo (m)	luneta (f)	[lun'ɛtɐ]
campana (f)	sino (m)	[s'inu]

bandera (f)	bandeira (f)	[bãd'ejrɐ]
cabo (m) (maroma)	cabo (m)	[k'abu]
nudo (m)	nó (m)	[nɔ]

| pasamano (m) | corrimão (m) | [kuʀim'ãu] |
| pasarela (f) | prancha (f) de embarque | [pr'ãʃɐ də ẽb'arkə] |

ancla (f)	âncora (f)	['ãkurɐ]
levar ancla	recolher a âncora	[ʀɐkuʎ'er ɐ 'ãkurɐ]
echar ancla	lançar a âncora	[lãs'ar ɐ 'ãkurɐ]
cadena (f) del ancla	amarra (f)	[ɐm'aʀɐ]

puerto (m)	porto (m)	[p'ortu]
embarcadero (m)	cais, amarradouro (m)	[kajʃ], [ɐmɐʀɐd'oru]
amarrar (vt)	atracar (vi)	[etrek'ar]
desamarrar (vt)	desatracar (vi)	[dəzetrɐk'ar]

viaje (m)	viagem (f)	[vj'aʒẽj]
crucero (m) (viaje)	cruzeiro (m)	[kruz'ejru]
derrota (f) (rumbo)	rumo (m), rota (f)	[ʀ'umu], [ʀ'ɔte]
itinerario (m)	itinerário (m)	[itinər'ariu]

canal (m) navegable	canal (m) navegável	[kɐn'al nevəg'avɛl]
bajío (m)	baixio (m)	[bajʃ'iu]
encallar (vi)	encalhar (vt)	[ẽkɐʎ'ar]

tempestad (f)	tempestade (f)	[tẽpəʃt'adə]
señal (f)	sinal (m)	[sin'al]
hundirse (vr)	afundar-se (vp)	[ɐfũd'arsə]
¡Hombre al agua!	Homem ao mar!	['ɔmẽj 'au m'ar]
SOS	SOS	[ɛsɐo 'ɛsə]
aro (m) salvavidas	boia (f) salva-vidas	[b'ɔjɐ s'alvɐ v'idɐʃ]

108. El aeropuerto

aeropuerto (m)	aeroporto (m)	[ɐɛrɔp'ortu]
avión (m)	avião (m)	[ɐvj'ãu]
compañía (f) aérea	companhia (f) aérea	[kõpɐɲ'iɐ ɐ'ɛriɐ]
controlador (m) aéreo	controlador (m) de tráfego aéreo	[kõtrulɐd'or də tr'afɐgu ɐ'ɛriu]

despegue (m)	partida (f)	[pert'ide]
llegada (f)	chegada (f)	[ʃəg'adɐ]
llegar (en avión)	chegar (vi)	[ʃəg'ar]

| hora (f) de salida | hora (f) de partida | ['ɔrɐ də pert'idɐ] |
| hora (f) de llegada | hora (f) de chegada | ['ɔrɐ də ʃəg'adɐ] |

| retrasarse (vr) | estar atrasado | [əʃt'ar etrez'adu] |
| retraso (m) de vuelo | atraso (m) de voo | [etr'azu də v'ou] |

pantalla (f) de información	painel (m) de informação	[pajn'ɛl də ĩfurmɐs'ãu]
información (f)	informação (f)	[ĩfurmɐs'ãu]
anunciar (vt)	anunciar (vt)	[ɐnũsj'ar]

vuelo (m)	voo (m)	[v'ou]
aduana (f)	alfândega (f)	[alf'ãdəgɐ]
aduanero (m)	funcionário (m) da alfândega	[fũsiun'ariu dɐ alf'ãdəgɐ]

declaración (f) de aduana	declaração (f) alfandegária	[dəklɐɾɐs'ãu alfãdəg'ariɐ]
rellenar (vt)	preencher (vt)	[priẽʃ'eɾ]
rellenar la declaración	preencher a declaração	[priẽʃ'eɾ ɐ dəklɐɾɐs'ãu]
control (m) de pasaportes	controlo (m) de passaportes	[kõtɾ'olu də pasɐp'ɔɾtəʃ]

equipaje (m)	bagagem (f)	[bɐg'aʒẽj]
equipaje (m) de mano	bagagem (f) de mão	[bɐg'aʒẽj də m'ãu]
objetos perdidos (oficina)	Perdidos e Achados	[pəɾd'iduʃ i eʃ'aduʃ]
carrito (m) de equipaje	carrinho (m)	[kɐʀ'iɲu]

aterrizaje (m)	aterragem (f)	[etəʀ'aʒẽj]
pista (f) de aterrizaje	pista (f) de aterragem	[p'iʃtɐ də etəʀ'aʒẽj]
aterrizar (vi)	aterrar (vi)	[etəʀ'aɾ]
escaleras (f pl) (de avión)	escada (f) de avião	[əʃk'adɐ də ɐvj'ãu]

facturación (f) (check-in)	check-in (m)	[ʃɛk'in]
mostrador (m) de facturación	balcão (m) do check-in	[balk'ãu du ʃɛk'in]
hacer el check-in	fazer o check-in	[fɐz'eɾ u ʃɛk'in]
tarjeta (f) de embarque	cartão (m) de embarque	[kɐɾt'ãu də ẽb'aɾkə]
puerta (f) de embarque	porta (f) de embarque	[p'ɔɾtɐ də ẽb'aɾkə]

tránsito (m)	trânsito (m)	[tɾ'ãzitu]
esperar (aguardar)	esperar (vi, vt)	[əʃpəɾ'aɾ]
zona (f) de preembarque	sala (f) de espera	[s'alɐ də əʃp'ɛɾɐ]
despedir (vt)	despedir-se de ...	[dəʃpəd'iɾsə də]
despedirse (vr)	dizer adeus	[diz'eɾ ɐd'ewʃ]

Acontecimentos de la vida

109. Los días festivos. Los eventos

fiesta (f)	festa (f)	[fˈɛʃtɐ]
fiesta (f) nacional	festa (f) nacional	[fˈɛʃtɐ nɐsiunˈal]
día (m) de fiesta	feriado (m)	[fɐrjˈadu]
festejar (vt)	festejar (vt)	[fɐʃtɐʒˈar]
evento (m)	evento (m)	[evˈẽtu]
medida (f)	evento (m)	[evˈẽtu]
banquete (m)	banquete (m)	[bɐ̃kˈetɐ]
recepción (f)	receção (f)	[Rɐsɛsˈɐ̃u]
festín (m)	festim (m)	[fɐʃtˈĩ]
aniversario (m)	aniversário (m)	[ɐnivɐrsˈariu]
jubileo (m)	jubileu (m)	[ʒubilˈeu]
celebrar (vt)	celebrar (vt)	[sɐlɐbrˈar]
Año (m) Nuevo	Ano (m) Novo	[ˈenu nˈovu]
¡Feliz Año Nuevo!	Feliz Ano Novo!	[fɐlˈiʃ ˈenu nˈovu]
Papá Noel (m)	Pai (m) Natal	[paj nɐtˈal]
Navidad (f)	Natal (m)	[nɐtˈal]
¡Feliz Navidad!	Feliz Natal!	[fɐlˈiʃ nɐtˈal]
árbol (m) de Navidad	árvore (f) de Natal	[ˈarvurɐ dɐ nɐtˈal]
fuegos (m pl) artificiales	fogo (m) de artifício	[fˈogu dɐ ɐrtifˈisiu]
boda (f)	boda (f)	[bˈodɐ]
novio (m)	noivo (m)	[nˈojvu]
novia (f)	noiva (f)	[nˈojvɐ]
invitar (vt)	convidar (vt)	[kõvidˈar]
tarjeta (f) de invitación	convite (m)	[kõvˈitɐ]
invitado (m)	convidado (m)	[kõvidˈadu]
visitar (vt) (a los amigos)	visitar (vt)	[vizitˈar]
recibir a los invitados	receber os hóspedes	[Rɐsɐbˈer uʃ ˈɔʃpɐdɐʃ]
regalo (m)	presente (m)	[prɐzˈẽtɐ]
regalar (vt)	oferecer (vt)	[ɔfɐrɐsˈer]
recibir regalos	receber presentes	[Rɐsɐbˈer prɐzˈẽtɐʃ]
ramo (m) de flores	ramo (m) de flores	[Rˈemu dɐ flˈorɐʃ]
felicitación (f)	felicitações (f pl)	[fɐlisitɐsˈojʃ]
felicitar (vt)	felicitar (vt), dar os parabéns	[fɐlisitˈar], [dar uʃ pɐrɐbˈɐ̃jʃ]
tarjeta (f) de felicitación	cartão (m) de parabéns	[kɐrtˈɐ̃u dɐ pɐrɐbˈɐ̃jʃ]
enviar una tarjeta	enviar um postal	[ẽvjˈar ũ puʃtˈal]

recibir una tarjeta	receber um postal	[ʀəsəbˈer ũ puʃtˈal]
brindis (m)	brinde (m)	[brĩdə]
ofrecer (~ una copa)	oferecer (vt)	[ɔfərəsˈer]
champaña (f)	champanhe (m)	[ʃãpˈɐɲə]

divertirse (vr)	divertir-se (vp)	[divərtˈirsə]
diversión (f)	diversão (f)	[divərsˈãu]
alegría (f) (emoción)	alegria (f)	[ələgrˈiɐ]

| baile (m) | dança (f) | [dˈãsə] |
| bailar (vi, vt) | dançar (vi) | [dãsˈar] |

| vals (m) | valsa (f) | [vˈalsə] |
| tango (m) | tango (m) | [tˈãgu] |

110. Los funerales. El entierro

cementerio (m)	cemitério (m)	[səmitˈɛriu]
tumba (f)	sepultura (f), túmulo (m)	[səpultˈurɐ], [tˈumulu]
cruz (f)	cruz (f)	[kruʃ]
lápida (f)	lápide (f)	[lˈapidə]
verja (f)	cerca (f)	[sˈerkɐ]
capilla (f)	capela (f)	[kɐpˈɛlɐ]

muerte (f)	morte (f)	[mˈɔrtə]
morir (vi)	morrer (vi)	[muʀˈer]
difunto (m)	defunto (m)	[dəfˈũtu]
luto (m)	luto (m)	[lˈutu]

enterrar (vt)	enterrar, sepultar (vt)	[ẽtəʀˈar], [səpultˈar]
funeraria (f)	agência (f) funerária	[ɐʒˈẽsiɐ funərˈariɐ]
entierro (m)	funeral (m)	[funərˈal]

corona (f) funeraria	coroa (f) de flores	[kurˈoɐ də flˈorəʃ]
ataúd (m)	caixão (m)	[kajʃˈãu]
coche (m) fúnebre	carro (m) funerário	[kˈaʀu funərˈariu]
mortaja (f)	mortalha (f)	[murtˈaʎɐ]

cortejo (m) fúnebre	procissão (f) funerária	[prusisˈãu funərˈariɐ]
urna (f) funeraria	urna (f) funerária	[ˈurnɐ funərˈariɐ]
crematorio (m)	crematório (m)	[krəmɛtˈɔriu]

necrología (f)	obituário (m), necrologia (f)	[ɔbituˈariu], [nəkruluʒˈiɐ]
llorar (vi)	chorar (vi)	[ʃuˈrar]
sollozar (vi)	soluçar (vi)	[sulusˈar]

111. La guerra. Los soldados

sección (f)	pelotão (m)	[pəlutˈãu]
compañía (f)	companhia (f)	[kõpɐɲˈiɐ]
regimiento (m)	regimento (m)	[ʀəʒimˈẽtu]
ejército (m)	exército (m)	[ezˈɛrsitu]

división (f)	divisão (f)	[diviz'ãu]
destacamento (m)	destacamento (m)	[dəʃtekɐm'ẽtu]
hueste (f)	hoste (f)	['ɔʃtə]

| soldado (m) | soldado (m) | [sold'adu] |
| oficial (m) | oficial (m) | [ɔfisj'al] |

soldado (m) raso	soldado (m) raso	[sold'adu ʀ'azu]
sargento (m)	sargento (m)	[seʀʒ'ẽtu]
teniente (m)	tenente (m)	[tən'ẽtə]
capitán (m)	capitão (m)	[kɐpit'ãu]
mayor (m)	major (m)	[mɐʒ'ɔr]

| coronel (m) | coronel (m) | [kurun'ɛl] |
| general (m) | general (m) | [ʒənər'al] |

marino (m)	marujo (m)	[mɐr'uʒu]
capitán (m)	capitão (m)	[kɐpit'ãu]
contramaestre (m)	contramestre (m)	[kõtrɐm'ɛʃtrə]

artillero (m)	artilheiro (m)	[ɐrtiʎ'ejru]
paracaidista (m)	soldado (m) paraquedista	[sold'adu pɐrɐkəd'iʃtɐ]
piloto (m)	piloto (m)	[pil'otu]

| navegador (m) | navegador (m) | [nɐvəɡɐd'or] |
| mecánico (m) | mecânico (m) | [mək'ɐniku] |

| zapador (m) | sapador (m) | [sɐpɐd'or] |
| paracaidista (m) | paraquedista (m) | [pɐrɐkəd'iʃtɐ] |

| explorador (m) | explorador (m) | [əʃplurɐd'or] |
| francotirador (m) | franco-atirador (m) | [fr'ãkɔ ɐtirɐd'or] |

patrulla (f)	patrulha (f)	[pɐtr'uʎɐ]
patrullar (vi, vt)	patrulhar (vt)	[pɐtruʎ'ar]
centinela (m)	sentinela (f)	[sẽtin'ɛlɐ]

| guerrero (m) | guerreiro (m) | [ɡəʀ'ejru] |
| héroe (m) | herói (m) | [er'ɔj] |

| heroína (f) | heroína (f) | [eru'inɐ] |
| patriota (m) | patriota (m) | [pɐtrj'ɔtɐ] |

| traidor (m) | traidor (m) | [trajd'or] |
| traicionar (vt) | trair (vt) | [trɐ'ir] |

| desertor (m) | desertor (m) | [dəzərt'or] |
| desertar (vi) | desertar (vt) | [dəzərt'ar] |

mercenario (m)	mercenário (m)	[mərsən'ariu]
recluta (m)	recruta (m)	[ʀəkr'utɐ]
voluntario (m)	voluntário (m)	[vulũt'ariu]

muerto (m)	morto (m)	[m'ortu]
herido (m)	ferido (m)	[fər'idu]
prisionero (m)	prisioneiro (m) de guerra	[priziun'ejru də ɡ'ɛʀɐ]

112. La guerra. Las maniobras militares. Unidad 1

guerra (f)	guerra (f)	[g'ɛʀɐ]
estar en guerra	guerrear (vt)	[gɛʀɐ'ar]
guerra (f) civil	guerra (f) civil	[g'ɛʀɐ siv'il]

pérfidamente (adv)	perfidamente	[pɐrfidɐm'ẽtə]
declaración (f) de guerra	declaração (f) de guerra	[dəklɐʀɐs'ãu də g'ɛʀɐ]
declarar (~ la guerra)	declarar (vt) guerra	[dəklɐr'ar g'ɛʀɐ]
agresión (f)	agressão (f)	[ɐgrəs'ãu]
atacar (~ a un país)	atacar (vt)	[ɐtɐk'ar]

invadir (vt)	invadir (vt)	[ĩvad'ir]
invasor (m)	invasor (m)	[ĩvaz'or]
conquistador (m)	conquistador (m)	[kõkiʃted'or]

defensa (f)	defesa (f)	[dəf'ezɐ]
defender (vt)	defender (vt)	[dəfẽd'er]
defendorce (vr)	defender-se (vp)	[dəfẽd'ersə]

enemigo (m)	inimigo (m)	[inim'igu]
adversario (m)	adversário (m)	[ɐdvərs'ariu]
enemigo (adj)	inimigo	[inim'igu]

| estrategia (f) | estratégia (f) | [əʃtrɐt'ɛʒiɐ] |
| táctica (f) | tática (f) | [t'atikɐ] |

orden (f)	ordem (f)	['ɔrdẽj]
comando (m)	comando (m)	[kum'ãdu]
ordenar (vt)	ordenar (vt)	[ɔrdən'ar]
misión (f)	missão (f)	[mis'ãu]
secreto (adj)	secreto	[səkr'ɛtu]

| batalla (f) | batalha (f) | [bɐt'aʎɐ] |
| combate (m) | combate (m) | [kõb'atə] |

ataque (m)	ataque (m)	[ɐt'akə]
asalto (m)	assalto (m)	[ɐs'altu]
tomar por asalto	assaltar (vt)	[ɐsalt'ar]
asedio (m), sitio (m)	assédio, sítio (m)	[ɐs'ɛdiu], [s'itiu]

| ofensiva (f) | ofensiva (f) | [ɔfẽs'ivɐ] |
| tomar la ofensiva | passar à ofensiva | [pɐs'ar a ɔfẽs'ivɐ] |

| retirada (f) | retirada (f) | [ʀətir'adɐ] |
| retirarse (vr) | retirar-se (vp) | [ʀətir'arsə] |

| envolvimiento (m) | cerco (m) | [s'erku] |
| cercar (vt) | cercar (vt) | [sərk'ar] |

bombardeo (m)	bombardeio (m)	[bõbɐrd'ɐju]
lanzar una bomba	lançar uma bomba	[lãs'ar 'umɐ b'õbɐ]
bombear (vt)	bombardear (vt)	[bõbɐrdj'ar]
explosión (f)	explosão (f)	[əʃpluz'ãu]
tiro (m), disparo (m)	tiro (m)	[t'iru]

| disparar (vi) | disparar um tiro | [diʃpɐrˈar ũ tˈiru] |
| tiroteo (m) | tiroteio (m) | [tirutˈeju] |

apuntar a ...	apontar para ...	[ɐpõtˈar pˈɐrɐ]
encarar (apuntar)	apontar (vt)	[ɐpõtˈar]
alcanzar (el objetivo)	acertar (vt)	[ɐsɐrtˈar]

hundir (vt)	afundar (vt)	[ɐfũdˈar]
brecha (f) (~ en el casco)	brecha (f)	[brˈɛʃɐ]
hundirse (vr)	afundar (vi)	[ɐfũdˈar]

frente (m)	frente (m)	[frˈẽtɐ]
retaguardia (f)	retaguarda (f)	[ʀɛtɐguˈardɐ]
evacuación (f)	evacuação (f)	[evɐkuɐsˈãu]
evacuar (vt)	evacuar (vt)	[evɐkuˈar]

trinchera (f)	trincheira (f)	[trĩʃˈejrɐ]
alambre (m) de púas	arame (m) farpado	[ɐrˈɐmɐ fɐrpˈadu]
barrera (f) (~ antitanque)	obstáculo (m) anticarro	[ɔbʃtˈakulu ɐ̃tikˈaʀu]
torre (f) de vigilancia	torre (f) de vigia	[tˈoʀɐ dɐ viʒˈiɐ]

hospital (m)	hospital (m)	[ɔʃpitˈal]
herir (vt)	ferir (vt)	[fɐrˈir]
herida (f)	ferida (f)	[fɐrˈidɐ]
herido (m)	ferido (m)	[fɐrˈidu]
recibir una herida	ficar ferido	[fikˈar fɐrˈidu]
grave (herida)	grave	[grˈavɐ]

113. La guerra. Las maniobras militares. Unidad 2

cautiverio (m)	cativeiro (m)	[kɐtivˈejru]
capturar (vt)	capturar (vt)	[kapturˈar]
estar en cautiverio	estar em cativeiro	[ɐʃtˈar ẽ kɐtivˈejru]
caer prisionero	ser aprisionado	[ser ɐpriziunˈadu]

campo (m) de concentración	campo (m) de concentração	[kˈɐ̃pu dɐ kõsẽtrɐsˈãu]
prisionero (m)	prisioneiro (m) de guerra	[priziunˈejru dɐ gˈɛʀɐ]
escapar (de cautiverio)	escapar (vi)	[ɐʃkɐpˈar]

traicionar (vt)	trair (vt)	[trɐˈir]
traidor (m)	traidor (m)	[trɐjdˈor]
traición (f)	traição (f)	[trajsˈãu]

| fusilar (vt) | fuzilar, executar (vt) | [fuzilˈar], [ezɐkutˈar] |
| fusilamiento (m) | fuzilamento (m) | [fuzilɐmˈẽtu] |

equipo (m) (uniforme, etc.)	equipamento (m)	[ekipɐmˈẽtu]
hombrera (f)	platina (f)	[plɐtˈinɐ]
máscara (f) antigás	máscara (f) antigás	[mˈaʃkɐrɐ ɐ̃tigˈaʃ]

radio transmisor (m)	rádio (m)	[ʀˈadiu]
cifra (f) (código)	cifra (f), código (m)	[sˈifrɐ], [kˈɔdigu]
conspiración (f)	conspiração (f)	[kõʃpirɐsˈãu]
contraseña (f)	senha (f)	[sˈeɲɐ]

mina (f) terrestre	mina (f)	[m'inɐ]
minar (poner minas)	minar (vt)	[min'ar]
campo (m) minado	campo (m) minado	[k'ɐ̃pu min'adu]

alarma (f) aérea	alarme (m) aéreo	[ɐl'armɐ ɐ'ɛriu]
alarma (f)	alarme (m)	[ɐl'armɐ]
señal (f)	sinal (m)	[sin'al]
cohete (m) de señales	sinalizador (m)	[sinɐlizɐd'or]

estado (m) mayor	estado-maior (m)	[ɐʃt'adu mɐj'ɔr]
reconocimiento (m)	reconhecimento (m)	[ʀɐkuɲɐsim'ẽtu]
situación (f)	situação (f)	[situɐs'ɐ̃u]
informe (m)	informe (m)	[ĩf'ormɐ]
emboscada (f)	emboscada (f)	[ẽbuʃk'adɐ]
refuerzo (m)	reforço (m)	[ʀɐf'orsu]

blanco (m)	alvo (m)	['alvu]
terreno (m) de prueba	campo (m) de tiro	[k'ɐ̃pu dɐ t'iru]
maniobras (f pl)	manobras (f pl)	[mɐn'ɔbrɐʃ]

pánico (m)	pânico (m)	[p'ɐniku]
devastación (f)	devastação (f)	[dɐvɐʃtɐs'ɐ̃u]
destrucciones (f pl)	ruínas (f pl)	[ʀu'inɐʃ]
destruir (vt)	destruir (vt)	[dɐʃtru'ir]

sobrevivir (vi, vt)	sobreviver (vi)	[sobrɐviv'er]
desarmar (vt)	desarmar (vt)	[dɐzɐrm'ar]
manejar (un arma)	manusear (vt)	[mɐnuzj'ar]

| ¡Firmes! | Firmes! | [f'irmɐʃ] |
| ¡Descanso! | Descansar! | [dɐʃkɐ̃s'ar] |

hazaña (f)	façanha (f)	[fɐs'ɐɲɐ]
juramento (m)	juramento (m)	[ʒurɐm'ẽtu]
jurar (vt)	jurar (vi)	[ʒur'ar]

condecoración (f)	condecoração (f)	[kõdɐkurɐs'ɐ̃u]
condecorar (vt)	condeoorar (vt)	[kõdɐkur'ar]
medalla (f)	medalha (f)	[mɐd'aʎɐ]
orden (f) (~ de Merito)	ordem (f)	['ɔrdẽj]

victoria (f)	vitória (f)	[vit'ɔriɐ]
derrota (f)	derrota (f)	[dɐʀ'ɔtɐ]
armisticio (m)	armistício (m)	[ɐrmiʃt'isiu]

bandera (f)	bandeira (f)	[bɐ̃d'ɐjrɐ]
gloria (f)	glória (f)	[gl'ɔriɐ]
desfile (m) militar	desfile (m) militar	[dɐʃf'ilɐ milit'ar]
marchar (desfilar)	marchar (vi)	[mɐrʃ'ar]

114. Las armas

| arma (f) | arma (f) | ['armɐ] |
| arma (f) de fuego | arma (f) de fogo | ['armɐ dɐ f'ogu] |

arma (f) blanca	arma (f) branca	[ˈarmɛ brˈãkɛ]
arma (f) química	arma (f) química	[ˈarmɛ kˈimikɛ]
nuclear (adj)	nuclear	[nuklɐˈar]
arma (f) nuclear	arma (f) nuclear	[ˈarmɛ nuklɐˈar]

| bomba (f) | bomba (f) | [bˈõbɐ] |
| bomba (f) atómica | bomba (f) atómica | [bˈõbɐ ɐtˈɔmikɐ] |

pistola (f)	pistola (f)	[piʃtˈɔlɐ]
fusil (m)	caçadeira (f)	[kɐsɐdˈɐjrɐ]
metralleta (f)	pistola-metralhadora (f)	[piʃtˈɔlɐ mɐtrɐʎɐdˈorɐ]
ametralladora (f)	metralhadora (f)	[mɐtrɐʎɐdˈorɐ]

boca (f)	boca (f)	[bˈokɐ]
cañón (m) (del arma)	cano (m)	[kˈɐnu]
calibre (m)	calibre (m)	[kɐlˈibrɐ]

gatillo (m)	gatilho (m)	[gɐtˈiʎu]
alza (f)	mira (f)	[mˈirɐ]
cargador (m)	carregador (m)	[kɐʀɐgɐdˈor]
culata (f)	coronha (f)	[kurˈoɲɐ]

| granada (f) de mano | granada (f) de mão | [grɐnˈadɐ dɐ mˈãu] |
| explosivo (m) | explosivo (m) | [ɐʃpluzˈivu] |

bala (f)	bala (f)	[bˈalɐ]
cartucho (m)	cartucho (m)	[kɐrtˈuʃu]
carga (f)	carga (f)	[kˈargɐ]
pertrechos (m pl)	munições (f pl)	[munisˈõjʃ]

bombardero (m)	bombardeiro (m)	[bõbɐrdˈɐjru]
avión (m) de caza	avião (m) de caça	[ɐvjˈãu dɐ kˈasɐ]
helicóptero (m)	helicóptero (m)	[elikˈɔptɐru]

antiaéreo (m)	canhão (m) antiaéreo	[kɐɲˈãu ɐ̃tiɛˈɛriu]
tanque (m)	tanque (m)	[tˈãkɐ]
cañón (m) (de un tanque)	canhão (m), peça (f)	[kɐɲˈãu], [pˈɛsɐ]

artillería (f)	artilharia (f)	[ɐrtiʎɐrˈiɐ]
cañón (m) (arma)	canhão (m)	[kɐɲˈãu]
dirigir (un misil, etc.)	fazer a pontaria	[fɐzˈer ɐ põtɐrˈiɐ]

obús (m)	obus (m)	[ɔbˈuʃ]
bomba (f) de mortero	granada (f) de morteiro	[grɐnˈadɐ dɐ murtˈɐjru]
mortero (m)	morteiro (m)	[murtˈɐjru]
trozo (m) de obús	estilhaço (m)	[ɐʃtiʎˈasu]

submarino (m)	submarino (m)	[submɐrˈinu]
torpedo (m)	torpedo (m)	[turpˈɛdu]
misil (m)	míssil (m)	[mˈisil]

cargar (pistola)	carregar (vt)	[kɐʀɐgˈar]
tirar (vi)	atirar, disparar (vi)	[ɐtirˈar], [diʃpɐrˈar]
apuntar a ...	apontar para ...	[ɐpõtˈar pˈɐrɐ]
bayoneta (f)	baioneta (f)	[bajunˈetɐ]
espada (f) (duelo a ~)	espada (f)	[ɐʃpˈadɐ]

sable (m)	sabre (m)	[s'abrə]
lanza (f)	lança (f)	[l'ãsɐ]
arco (m)	arco (m)	['arku]
flecha (f)	flecha (f)	[fl'ɛʃɐ]
mosquete (m)	mosquete (m)	[muʃk'ɛtə]
ballesta (f)	besta (f)	[b'eʃtɐ]

115. Los pueblos antiguos

primitivo (adj)	primitivo	[primit'ivu]
prehistórico (adj)	pré-histórico	[prɛjʃt'ɔriku]
antiguo (adj)	antigo	[ãt'igu]

Edad (f) de Piedra	Idade (f) da Pedra	[id'adə də p'ɛdrɐ]
Edad (f) de Bronce	Idade (f) do Bronze	[id'adə du br'õzə]
Edad (f) de Hielo	período (m) glacial	[pər'iudu glɐsj'al]

tribu (f)	tribo (f)	[tr'ibu]
caníbal (m)	canibal (m)	[kɐnib'al]
cazador (m)	caçador (m)	[kɐsɐd'or]
cazar (vi, vt)	caçar (vi)	[kɐs'ar]
mamut (m)	mamute (m)	[mɐm'utə]

caverna (f)	caverna (f)	[kɐv'ɛrnɐ]
fuego (m)	fogo (m)	[f'ogu]
hoguera (f)	fogueira (f)	[fug'ejrɐ]
pintura (f) rupestre	pintura (f) rupestre	[pĩt'urɐ ʀup'ɛʃtrɐ]

útil (m)	ferramenta (f)	[fəʀɐm'ẽtɐ]
lanza (f)	lança (f)	[l'ãsɐ]
hacha (f) de piedra	machado (m) de pedra	[mɐʃ'adu də p'ɛdrɐ]
estar en guerra	guerrear (vt)	[gɛʀə'ar]
domesticar (vt)	domesticar (vt)	[duməʃtik'ar]

| ídolo (m) | ídolo (m) | ['idulu] |
| adorar (vt) | adorar, venerar (vt) | [ɐdur'ar], [vənər'ar] |

| superstición (f) | superstição (f) | [supərʃtis'ãu] |
| rito (m) | ritual (m) | [ʀitu'al] |

| evolución (f) | evolução (f) | [evulus'ãu] |
| desarrollo (m) | desenvolvimento (m) | [dəzẽvɔlvim'ẽtu] |

| desaparición (f) | desaparecimento (m) | [dəzɐpɐrəsim'ẽtu] |
| adaptarse (vr) | adaptar-se (vp) | [ɐdɐpt'arsə] |

arqueología (f)	arqueologia (f)	[ɐʀkiuluʒ'iɐ]
arqueólogo (m)	arqueólogo (m)	[ɐʀkj'ɔlugu]
arqueológico (adj)	arqueológico	[ɐʀkiul'ɔʒiku]

sitio (m) de excavación	local (m) das escavações	[luk'al dɐʃ əʃkɐvɐs'ojʃ]
excavaciones (f pl)	escavações (f pl)	[əʃkɐvɐs'ojʃ]
hallazgo (m)	achado (m)	[ɐʃ'adu]
fragmento (m)	fragmento (m)	[fragm'ẽtu]

116. La edad media

pueblo (m)	povo (m)	[p'ovu]
pueblos (m pl)	povos (m pl)	[p'ɔvuʃ]
tribu (f)	tribo (f)	[tr'ibu]
tribus (f pl)	tribos (f pl)	[tr'ibuʃ]
bárbaros (m pl)	bárbaros (m pl)	[b'arbɐruʃ]
galos (m pl)	gauleses (m pl)	[gaul'ezəʃ]
godos (m pl)	godos (m pl)	[g'oduʃ]
eslavos (m pl)	eslavos (m pl)	[əʒl'avuʃ]
vikingos (m pl)	vikings (m pl)	[vikĩgəʃ]
romanos (m pl)	romanos (m pl)	[ʀum'ɐnuʃ]
romano (adj)	romano	[ʀum'ɐnu]
bizantinos (m pl)	bizantinos (m pl)	[bizãt'inuʃ]
Bizancio (m)	Bizâncio	[biz'ãsiu]
bizantino (adj)	bizantino	[bizãt'inu]
emperador (m)	imperador (m)	[ĩpəred'or]
jefe (m)	líder (m)	[l'idɛr]
poderoso (adj)	poderoso	[pudər'ozu]
rey (m)	rei (m)	[ʀej]
gobernador (m)	governante (m)	[guvərn'ãtə]
caballero (m)	cavaleiro (m)	[kɐvɐl'ejru]
señor (m) feudal	senhor feudal (m)	[səɲ'or feud'al]
feudal (adj)	feudal	[feud'al]
vasallo (m)	vassalo (m)	[vɐs'alu]
duque (m)	duque (m)	[d'ukə]
conde (m)	conde (m)	[k'õdə]
barón (m)	barão (m)	[bɐr'ãu]
obispo (m)	bispo (m)	[b'iʃpu]
armadura (f)	armadura (f)	[ɐrmɐd'urɐ]
escudo (m)	escudo (m)	[ɛz'udu]
espada (f) (danza de ~s)	espada (f)	[əʃp'adɐ]
visera (f)	viseira (f)	[viz'ejrɐ]
cota (f) de malla	cota (f) de malha	[k'ɔtɐ də m'aʎɐ]
cruzada (f)	cruzada (f)	[kruz'adɐ]
cruzado (m)	cruzado (m)	[kruz'adu]
territorio (m)	território (m)	[tərit'ɔriu]
atacar (~ a un país)	atacar (vt)	[ɐtɐk'ar]
conquistar (vt)	conquistar (vt)	[kõkiʃt'ar]
ocupar (invadir)	ocupar, invadir (vt)	[ɔkup'ar], [ĩvad'ir]
asedio (m), sitio (m)	assédio, sítio (m)	[ɐs'ɛdiu], [s'itiu]
sitiado (adj)	sitiado	[sitj'adu]
asediar, sitiar (vt)	assediar, sitiar (vt)	[ɐsədj'ar], [sitj'ar]
inquisición (f)	inquisição (f)	[ĩkizis'ãu]
inquisidor (m)	inquisidor (m)	[ĩkizid'or]

tortura (f)	tortura (f)	[turt'urɐ]
cruel (adj)	cruel	[kru'ɛl]
hereje (m)	herege (m)	[er'ɛʒə]
herejía (f)	heresia (f)	[erəz'iɐ]

navegación (f) marítima	navegação (f) marítima	[nəvəgəs'ãu merit'imə]
pirata (m)	pirata (m)	[pir'atə]
piratería (f)	pirataria (f)	[pirɐtɐr'iɐ]
abordaje (m)	abordagem (f)	[ɐburd'aʒẽj]
botín (m)	saque, pulhagem (f)	[s'akə], [puʎ'aʒẽj]
tesoros (m pl)	tesouros (m pl)	[təz'oruʃ]

descubrimiento (m)	descobrimento (m)	[dəʃkubrim'ẽtu]
descubrir (tierras nuevas)	descobrir (vt)	[dəʃkubr'ir]
expedición (f)	expedição (f)	[əʃpədis'ãu]

mosquetero (m)	mosqueteiro (m)	[muʃkət'ejru]
cardenal (m)	cardeal (m)	[kɐrdj'al]
heráldica (f)	heráldica (f)	[er'aldikɐ]
heráldico (adj)	heráldico	[er'aldiku]

117. El líder. El jefe. Las autoridades

rey (m)	rei (m)	[ʀej]
reina (f)	rainha (f)	[ʀɐ'iɲɐ]
real (adj)	real	[ʀə'al]
reino (m)	reino (m)	[ʀ'ejnu]

| príncipe (m) | príncipe (m) | [pr'ĩsipə] |
| princesa (f) | princesa (f) | [prĩs'ezɐ] |

presidente (m)	presidente (m)	[prəzid'ẽtə]
vicepresidente (m)	vice-presidente (m)	[v'isə prəzid'ẽtə]
senador (m)	senador (m)	[sənɐd'or]

monarca (m)	monarca (m)	[mun'arkɐ]
gobernador (m)	governante (m)	[guvərn'ãtə]
dictador (m)	ditador (m)	[ditɐd'or]
tirano (m)	tirano (m)	[tir'ɐnu]
magnate (m)	magnata (m)	[mɐgn'atɐ]

director (m)	diretor (m)	[dirɛt'or]
jefe (m)	chefe (m)	[ʃ'ɛfə]
gerente (m)	dirigente (m)	[diriʒ'ẽtə]
amo (m)	patrão (m)	[pɐtr'ãu]
dueño (m)	dono (m)	[d'onu]

jefe (m) (~ de delegación)	chefe (m)	[ʃ'ɛfə]
autoridades (f pl)	autoridades (f pl)	[auturid'adəʃ]
superiores (m pl)	superiores (m pl)	[supərj'orəʃ]

gobernador (m)	governador (m)	[guvɐrnɐd'or]
cónsul (m)	cônsul (m)	[k'õsul]
diplomático (m)	diplomata (m)	[diplum'atɐ]

| alcalde (m) | prefeito (m) | [prəfˈejtu] |
| sheriff (m) | xerife (m) | [ʃɛrˈifə] |

emperador (m)	imperador (m)	[ĩpəredˈor]
zar (m)	czar (m)	[kzˈar]
faraón (m)	faraó (m)	[ferɐˈɔ]
kan (m)	cão (m)	[kˈãu]

118. Violar la ley. Los criminales. Unidad 1

bandido (m)	bandido (m)	[bãdˈidu]
crimen (m)	crime (m)	[krˈimə]
criminal (m)	criminoso (m)	[kriminˈozu]

ladrón (m)	ladrão (m)	[lɐdrˈãu]
robar (vt)	roubar (vt)	[ʀobˈar]
robo (m) (actividad)	roubo (m)	[ʀˈobu]
robo (m) (hurto)	furto (m)	[fˈurtu]

secuestrar (vt)	raptar (vt)	[ʀɛptˈar]
secuestro (m)	rapto (m)	[ʀˈaptu]
secuestrador (m)	raptor (m)	[ʀaptˈor]

| rescate (m) | resgate (m) | [ʀəʒgˈatə] |
| exigir un rescate | pedir resgate | [pədˈir ʀəʒgˈatə] |

robar (vt)	roubar (vt)	[ʀobˈar]
robo (m)	assalto, roubo (m)	[ɐsˈaltu], [ʀˈobu]
atracador (m)	assaltante (m)	[ɐsaltˈãtə]

extorsionar (vt)	extorquir (vt)	[əʃturkˈir]
extorsionista (m)	extorsionário (m)	[əʃtursiunˈariu]
extorsión (f)	extorsão (f)	[əʃtursˈãu]

matar, asesinar (vt)	matar, assassinar (vt)	[metˈar], [ɐsesinˈar]
asesinato (m)	homicídio (m)	[ɔmisˈidiu]
asesino (m)	homicida, assassino (m)	[ɔmisˈidɐ], [ɐsesˈinu]

tiro (m), disparo (m)	tiro (m)	[tˈiru]
disparar (vi)	dar um tiro	[dar ũ tˈiru]
matar (a tiros)	matar a tiro	[metˈar ɐ tˈiru]
tirar (vi)	atirar, disparar (vi)	[etirˈar], [diʃperˈar]
tiroteo (m)	tiroteio (m)	[tirutˈeju]

incidente (m)	acontecimento (m)	[ekõtəsimˈẽtu]
pelea (f)	porrada (f)	[puʀˈadə]
¡Socorro!	Socorro!	[sukˈoʀu]
víctima (f)	vítima (f)	[vˈitimə]

perjudicar (vt)	danificar (vt)	[dɐnifikˈar]
daño (m)	dano (m)	[dˈɐnu]
cadáver (m)	cadáver (m)	[kɐdˈavɛr]
grave (un delito ~)	grave	[grˈavə]
atacar (vt)	atacar (vt)	[etɐkˈar]

pegar (golpear)	bater (vt)	[bɐt'eɾ]
apporear (vt)	espancar (vt)	[əʃpɐ̃k'aɾ]
quitar (robar)	tirar (vt)	[tir'aɾ]
acuchillar (vt)	esfaquear (vt)	[əʃfɐkj'aɾ]
mutilar (vt)	mutilar (vt)	[mutil'aɾ]
herir (vt)	ferir (vt)	[fɐr'iɾ]

chantaje (m)	chantagem (f)	[ʃɐ̃t'aʒẽj]
hacer chantaje	chantagear (vt)	[ʃɐ̃teʒj'aɾ]
chantajista (m)	chantagista (m)	[ʃɐ̃teʒ'iʃte]

extorsión (f)	extorsão (f)	[əʃturs'ɐ̃u]
extorsionador (m)	extorsionário (m)	[əʃtursiun'ariu]
gángster (m)	gângster (m)	[g'ɐ̃gʃtɛɾ]
mafia (f)	máfia (f)	[m'afiɐ]

carterista (m)	carteirista (m)	[kɐrtejr'iʃte]
ladrón (m) de viviendas	assaltante, ladrão (m)	[ɐsalt'ɐ̃tɐ], [lɐdr'ɐ̃u]
contrabandismo (m)	contrabando (m)	[kõtrɐb'ɐ̃du]
contrabandista (m)	contrabandista (m)	[kõtrɐbɐ̃d'iʃte]

falsificación (f)	falsificação (f)	[falsifikɐs'ɐ̃u]
falsificar (vt)	falsificar (vt)	[falsifik'aɾ]
falso (falsificado)	falsificado	[falsifik'adu]

119. Violar la ley. Los criminales. Unidad 2

violación (f)	violação (f)	[viulɐs'ɐ̃u]
violar (vt)	violar (vt)	[viul'aɾ]
violador (m)	violador (m)	[viulɐd'oɾ]
maníaco (m)	maníaco (m)	[men'iɐku]

prostituta (f)	prostituta (f)	[pruʃtit'ute]
prostitución (f)	prostituição (f)	[pruʃtituis'ɐ̃u]
chulo (m), proxeneta (m)	chulo (m)	[ʃ'ulu]

drogadicto (m)	toxicodependente (m)	[tɔksikɔdəpedˈẽtə]
narcotraficante (m)	traficante (m)	[trɐfik'ɐ̃tɐ]

hacer explotar	explodir (vt)	[əʃplud'iɾ]
explosión (f)	explosão (f)	[əʃpluz'ɐ̃u]
incendiar (vt)	incendiar (vt)	[ĩsẽdj'aɾ]
incendiario (m)	incendiário (m)	[ĩsẽdj'ariu]

terrorismo (m)	terrorismo (m)	[tɐrur'iʒmu]
terrorista (m)	terrorista (m)	[tɐrur'iʃte]
rehén (m)	refém (m)	[Rɐf'ẽj]

estafar (vt)	enganar (vt)	[ẽgen'aɾ]
estafa (f)	engano (m)	[ẽg'ɐnu]
estafador (m)	vigarista (m)	[viger'iʃte]

sobornar (vt)	subornar (vt)	[suburn'aɾ]
soborno (m) (delito)	suborno (m)	[sub'ornu]

soborno (m) (dinero, etc.)	suborno (m)	[sub'ornu]
veneno (m)	veneno (m)	[vən'enu]
envenenar (vt)	envenenar (vt)	[ẽvənən'ar]
envenenarse (vr)	envenenar-se (vp)	[ẽvənən'arsə]

| suicidio (m) | suicídio (m) | [suis'idiu] |
| suicida (m, f) | suicida (m) | [suis'ide] |

amenazar (vt)	ameaçar (vt)	[emies'ar]
amenaza (f)	ameaça (f)	[emj'ase]
atentar (vi)	atentar contra a vida de …	[etẽt'ar k'õtrɐ ɐ v'idɐ də]
atentado (m)	atentado (m)	[etẽt'adu]

| robar (un coche) | roubar (vt) | [ʀob'ar] |
| secuestrar (un avión) | desviar (vt) | [dəʒvj'ar] |

| venganza (f) | vingança (f) | [vĩg'ãsɐ] |
| vengar (vt) | vingar-se (vp) | [vĩg'arsə] |

torturar (vt)	torturar (vt)	[turtur'ar]
tortura (f)	tortura (f)	[turt'urɐ]
atormentar (vt)	atormentar (vt)	[eturmẽt'ar]

pirata (m)	pirata (m)	[pir'atɐ]
gamberro (m)	desordeiro (m)	[dəzɔrd'ejru]
armado (adj)	armado	[ɐrm'adu]
violencia (f)	violência (f)	[viul'ẽsiɐ]
ilegal (adj)	ilegal	[iləg'al]

| espionaje (m) | espionagem (f) | [əʃpiun'aʒẽj] |
| espiar (vi, vt) | espionar (vi) | [əʃpiun'ar] |

120. La policía. La ley. Unidad 1

| justicia (f) | justiça (f) | [ʒuʃt'isɐ] |
| tribunal (m) | tribunal (m) | [tribun'al] |

juez (m)	juiz (m)	[ʒu'iʃ]
jurados (m pl)	jurados (m pl)	[ʒur'aduʃ]
tribunal (m) de jurados	tribunal (m) do júri	[tribun'al du ʒ'uri]
juzgar (vt)	julgar (vt)	[ʒulg'ar]

abogado (m)	advogado (m)	[edvug'adu]
acusado (m)	réu (m)	[ʀ'ɛu]
banquillo (m) de los acusados	banco (m) dos réus	[b'ãku duʃ ʀ'ɛuʃ]

| inculpación (f) | acusação (f) | [ekuzes'ãu] |
| inculpado (m) | acusado (m) | [ekuz'adu] |

| sentencia (f) | sentença (f) | [sẽt'ẽsɐ] |
| sentenciar (vt) | sentenciar (vt) | [sẽtẽsj'ar] |

| culpable (m) | culpado (m) | [kulp'adu] |
| castigar (vt) | punir (vt) | [pun'ir] |

castigo (m)	punição (f)	[punis'ãu]
multa (f)	multa (f)	[m'ulte]
cadena (f) perpetua	prisão (f) perpétua	[priz'ãu pərp'ɛtue]
pena (f) de muerte	pena (f) de morte	[p'ene də m'ɔrtə]
silla (f) eléctrica	cadeira (f) elétrica	[kɐd'ɐjɾɐ el'ɛtrikɐ]
horca (f)	forca (f)	[f'orkɐ]

| ejecutar (vt) | executar (vt) | [ezəkut'ar] |
| ejecución (f) | execução (f) | [ezəkus'ãu] |

| prisión (f) | prisão (f) | [priz'ãu] |
| celda (f) | cela (f) de prisão | [s'ɛlɐ də priz'ãu] |

escolta (f)	escolta (f)	[əʃk'ɔltɐ]
guardia (m) de prisiones	guarda (m) prisional	[gu'ardɐ priziun'al]
prisionero (m)	preso (m)	[pɾ'ezu]

| esposas (f pl) | algemas (f pl) | [alʒ'eməʃ] |
| esposar (vt) | algemar (vt) | [alʒəm'ar] |

escape (m)	fuga, evasão (f)	[f'ugɐ], [evɐz'ãu]
escaparse (vr)	fugir (vi)	[fuʒ'ir]
desaparecer (vi)	desaparecer (vi)	[dɐzɐpərəs'er]
liberar (vt)	soltar, libertar (vt)	[solt'ar], [libərt'ar]
amnistía (f)	amnistia (f)	[ɐmniʃt'iɐ]

policía (f) (~ nacional)	polícia (f)	[pul'isiɐ]
policía (m)	polícia (m)	[pul'isiɐ]
comisaría (f) de policía	esquadra (f) de polícia	[əʃku'adɾɐ də pul'isiɐ]
porra (f)	cassetete (m)	[kasɐt'etɐ]
megáfono (m)	megafone (m)	[mɛgɐf'ɔnə]

coche (m) patrulla	carro (m) de patrulha	[k'aʀu də pɐtɾ'uʎɐ]
sirena (f)	sirene (f)	[sir'ɛnɐ]
poner la sirena	ligar a sirene	[lig'ar ɐ sir'ɛnɐ]
canto (m) de la sirena	toque (m) da sirene	[t'ɔkə də sir'ɛnɐ]

escena (f) del delito	cena (f) do crime	[s'enɐ du kɾ'imə]
testigo (m)	testemunha (f)	[təʃtəm'uɲɐ]
libertad (f)	liberdade (f)	[libərd'adɐ]
cómplice (m)	cúmplice (m)	[k'ũplisə]
escapar de ...	escapar (vi)	[əʃkɐp'ar]
rastro (m)	traço (m)	[tɾ'asu]

121. La policía. La ley. Unidad 2

búsqueda (f)	procura (f)	[pɾɔk'urɐ]
buscar (~ el criminal)	procurar (vt)	[pɾɔkur'ar]
sospecha (f)	suspeita (f)	[suʃp'ejtɐ]
sospechoso (adj)	suspeito	[suʃp'ejtu]
parar (~ en la calle)	parar (vt)	[pɐɾ'ar]
retener (vt)	deter (vt)	[dət'er]
causa (f) (~ penal)	caso (m)	[k'azu]
investigación (f)	investigação (f)	[ĩvəʃtigɐs'ãu]

Spanish	Portuguese	Pronunciation
detective (m)	detetive (m)	[dətɛt'ivə]
investigador (m)	investigador (m)	[ĩvəʃtiged'or]
versión (f)	versão (f)	[vərs'ãu]
motivo (m)	motivo (m)	[mut'ivu]
interrogatorio (m)	interrogatório (m)	[ĩtəʀuɡet'ɔriu]
interrogar (vt)	interrogar (vt)	[ĩtəʀuɡ'ar]
interrogar (al testigo)	questionar (vt)	[kəʃtiun'ar]
control (m) (de vehículos, etc.)	verificação (f)	[vərifikes'ãu]
redada (f)	rusga (f)	[ʀ'uʒɡe]
registro (m) (~ de la casa)	busca (f)	[b'uʃke]
persecución (f)	perseguição (f)	[pərseɡis'ãu]
perseguir (vt)	perseguir (vt)	[pərseɡ'ir]
rastrear (~ al criminal)	seguir (vt)	[seɡ'ir]
arresto (m)	prisão (f)	[priz'ãu]
arrestar (vt)	prender (vt)	[prẽd'er]
capturar (vt)	pegar, capturar (vt)	[peɡ'ar], [kaptur'ar]
captura (f)	captura (f)	[kapt'ure]
documento (m)	documento (m)	[dukum'ẽtu]
prueba (f)	prova (f)	[pr'ove]
probar (vt)	provar (vt)	[pruv'ar]
huella (f) (pisada)	pegada (f)	[peɡ'ade]
huellas (f pl) digitales	impressões (f pl) digitais	[ĩprəs'ojʃ diʒit'ajʃ]
elemento (m) de prueba	prova (f)	[pr'ove]
coartada (f)	álibi (m)	['alibi]
inocente (no culpable)	inocente	[inus'ẽtə]
injusticia (f)	injustiça (f)	[ĩʒuʃt'ise]
injusto (adj)	injusto	[ĩʒ'uʃtu]
criminal (adj)	criminal	[krimin'al]
confiscar (vt)	confiscar (vt)	[kõfiʃk'ar]
narcótico (f)	droga (f)	[dr'ɔɡe]
arma (f)	arma (f)	['arme]
desarmar (vt)	desarmar (vt)	[dəzerm'ar]
ordenar (vt)	ordenar (vt)	[ɔrdən'ar]
desaparecer (vi)	desaparecer (vi)	[dəzepərəs'er]
ley (f)	lei (f)	[lej]
legal (adj)	legal	[leɡ'al]
ilegal (adj)	ilegal	[ileɡ'al]
responsabilidad (f)	responsabilidade (f)	[ʀəʃpõsebilid'adə]
responsable (adj)	responsável	[ʀəʃpõs'avɛl]

LA NATURALEZA

La tierra. Unidad 1

122. El espacio

cosmos (m)	cosmos (m)	[kˈɔʒmuʃ]
espacial, cósmico (adj)	cósmico	[kˈɔʒmiku]
espacio (m) cósmico	espaço (m) cósmico	[əʃpˈasu kˈɔʒmiku]
mundo (m)	mundo (m)	[mˈũdu]
universo (m)	universo (m)	[univˈɛrsu]
Galaxia (f)	galáxia (f)	[gɐlˈaksiɐ]
estrella (f)	estrela (f)	[ɔʃtrˈɐlɐ]
constelación (f)	constelação (f)	[kõʃtɐlɐsˈãu]
planeta (m)	planeta (m)	[plɐnˈetɐ]
satélite (m)	satélite (m)	[sɐtˈɛlitə]
meteorito (m)	meteorito (m)	[mətiurˈitu]
cometa (f)	cometa (m)	[kumˈetɐ]
asteroide (m)	asteroide (m)	[ɐʃtɐrˈɔjdə]
órbita (f)	órbita (f)	[ˈɔrbitɐ]
girar (vi)	girar (vi)	[ʒirˈar]
atmósfera (f)	atmosfera (f)	[ɐtmuʃfˈɛrɐ]
Sol (m)	Sol (m)	[sɔl]
Sistema (m) Solar	Sistema (m) Solar	[siʃtˈemɐ sulˈar]
eclipse (m) de Sol	eclipse (m) solar	[eklˈipsə sulˈar]
Tierra (f)	Terra (f)	[tˈɛʀɐ]
Luna (f)	Lua (f)	[lˈuɐ]
Marte (m)	Marte (m)	[mˈartə]
Venus (f)	Vénus (m)	[vˈɛnuʃ]
Júpiter (m)	Júpiter (m)	[ʒˈupitɛr]
Saturno (m)	Saturno (m)	[sɐtˈurnu]
Mercurio (m)	Mercúrio (m)	[mərkˈuriu]
Urano (m)	Urano (m)	[urˈɐnu]
Neptuno (m)	Neptuno (m)	[nɛptˈunu]
Plutón (m)	Plutão (m)	[plutˈãu]
la Vía Láctea	Via Láctea (f)	[vˈiɐ lˈatiɐ]
la Osa Mayor	Ursa Maior (f)	[ursɐ mɐjˈɔr]
la Estrella Polar	Estrela Polar (f)	[əʃtrˈelɐ pulˈar]
marciano (m)	marciano (m)	[mɐrsjˈɐnu]
extraterrestre (m)	extraterrestre (m)	[əʃtrɐtɐrˈɛʃtrə]

planetícola (m)	alienígena (m)	[elien'iʒəne]
platillo (m) volante	disco (m) voador	[d'iʃku vuɐd'or]
nave (f) espacial	nave (f) espacial	[n'avɐ əʃpesj'al]
estación (f) orbital	estação (f) orbital	[əʃtes'ãu ɔrbit'al]
despegue (m)	lançamento (m)	[lãsɐm'ẽtu]
motor (m)	motor (m)	[mut'or]
tobera (f)	bocal (m)	[buk'al]
combustible (m)	combustível (m)	[kõbuʃt'ivɛl]
carlinga (f)	cabine (f)	[kɐb'inə]
antena (f)	antena (f)	[ãt'enɐ]
ventana (f)	vigia (f)	[viʒ'iɐ]
batería (f) solar	bateria (f) solar	[betər'iɐ sul'ar]
escafandra (f)	traje (m) espacial	[tr'aʒə əʃpesj'al]
ingravidez (f)	imponderabilidade (f)	[ĩpõdərɐbilid'adə]
oxígeno (m)	oxigénio (m)	[ɔksiʒ'ɛniu]
atraque (m)	acoplagem (f)	[ɐkupl'aʒẽj]
realizar el atraque	fazer uma acoplagem	[fɐz'er 'umɐ ɐkupl'aʒẽj]
observatorio (m)	observatório (m)	[ɔbsərvɐt'ɔriu]
telescopio (m)	telescópio (m)	[tələʃk'ɔpiu]
observar (vt)	observar (vt)	[ɔbsərv'ar]
explorar (~ el universo)	explorar (vt)	[əʃplur'ar]

123. La tierra

Tierra (f)	Terra (f)	[t'ɛRɐ]
globo (m) terrestre	globo (m) terrestre	[gl'obu tɐR'ɛʃtrə]
planeta (m)	planeta (m)	[plɐn'etɐ]
atmósfera (f)	atmosfera (f)	[ɐtmuʃf'ɛrɐ]
geografía (f)	geografia (f)	[ʒiugrɐf'iɐ]
naturaleza (f)	natureza (f)	[nɐtur'ezɐ]
globo (m) terráqueo	globo (m)	[gl'obu]
mapa (m)	mapa (m)	[m'apɐ]
atlas (m)	atlas (m)	['atlɐʃ]
Europa (f)	Europa (f)	[eur'ɔpɐ]
Asia (f)	Ásia (f)	['aziɐ]
África (f)	África (f)	['afrikɐ]
Australia (f)	Austrália (f)	[auʃtr'aliɐ]
América (f)	América (f)	[em'ɛrikɐ]
América (f) del Norte	América (f) do Norte	[em'ɛrikɐ du n'ɔrtə]
América (f) del Sur	América (f) do Sul	[em'ɛrikɐ du sul]
Antártida (f)	Antártida (f)	[ãt'artidɐ]
Ártico (m)	Ártico (m)	['artiku]

124. Los puntos cardinales

norte (m)	norte (m)	[nˈɔrtə]
al norte	para norte	[pˈeɾɐ nˈɔrtə]
en el norte	no norte	[nu nˈɔrtə]
del norte (adj)	do norte	[du nˈɔrtə]
sur (m)	sul (m)	[sul]
al sur	para sul	[pˈeɾɐ sul]
en el sur	no sul	[nu sul]
del sur (adj)	do sul	[du sul]
oeste (m)	oeste, ocidente (m)	[ɔˈɛʃtə], [ɔsidˈẽtə]
al oeste	para oeste	[pˈeɾɐ ɔˈɛʃtə]
en el oeste	no oeste	[nu ɔˈɛʃtə]
del oeste (adj)	ocidental	[ɔsidẽtˈal]
este (m)	leste, oriente (m)	[lˈɛʃtə], [ɔrjˈẽtə]
al este	para leste	[pˈeɾɐ lˈɛʃtə]
en el este	no leste	[nu lˈɛʃtə]
del este (adj)	oriental	[ɔriẽtˈal]

125. El mar. El océano

mar (m)	mar (m)	[maɾ]
océano (m)	oceano (m)	[ɔsjˈɐnu]
golfo (m)	golfo (m)	[gˈolfu]
estrecho (m)	estreito (m)	[əʃtɾˈejtu]
tierra (f) firme	terra (f) firme	[tˈɛʁɐ fˈirmɐ]
continente (m)	continente (m)	[kõtinˈẽtə]
isla (f)	ilha (f)	[ˈiʎɐ]
península (f)	península (f)	[pənˈisulɐ]
archipiélago (m)	arquipélago (m)	[ɐrkipˈɛlɐgu]
bahía (f)	baía (f)	[bɐˈiɐ]
puerto (m)	porto (m)	[pˈortu]
laguna (f)	lagoa (f)	[lɐgˈoɐ]
cabo (m)	cabo (m)	[kˈabu]
atolón (m)	atol (m)	[ɐtˈɔl]
arrecife (m)	recife (m)	[ʁəsˈifə]
coral (m)	coral (m)	[kurˈal]
arrecife (m) de coral	recife (m) de coral	[ʁəsˈifə də kurˈal]
profundo (adj)	profundo	[pɾufˈũdu]
profundidad (f)	profundidade (f)	[pɾufũdidˈadə]
abismo (m)	abismo (m)	[ɐbˈiʒmu]
fosa (f) oceánica	fossa (f) oceânica	[fˈɔsɐ ɔsjˈɐnikɐ]
corriente (f)	corrente (f)	[kuʁˈẽtə]
bañar (rodear)	banhar (vt)	[bɐɲˈar]
orilla (f)	litoral (m)	[liturˈal]

costa (f)	costa (f)	[kˈɔʃtɐ]
flujo (m)	maré (f) alta	[mɐrˈɛ ˈaltɐ]
reflujo (m)	maré (f) baixa	[mɐrˈɛ bˈajʃɐ]
banco (m) de arena	restinga (f)	[ʀɐʃtˈĩgɐ]
fondo (m)	fundo (m)	[fˈũdu]

ola (f)	onda (f)	[ˈõdɐ]
cresta (f) de la ola	crista (f) da onda	[krˈiʃtɐ dɐ ˈõdɐ]
espuma (f)	espuma (f)	[ɐʃpˈumɐ]

tempestad (f)	tempestade (f)	[tẽpɐʃtˈadɐ]
huracán (m)	furacão (m)	[fuʀɐkˈãu]
tsunami (m)	tsunami (m)	[tsunˈɐmi]
bonanza (f)	calmaria (f)	[kalmɐrˈiɐ]
calmo, tranquilo	calmo	[kˈalmu]

| polo (m) | polo (m) | [pˈɔlu] |
| polar (adj) | polar | [pulˈar] |

latitud (f)	latitude (f)	[lɐtitˈudɐ]
longitud (f)	longitude (f)	[lõʒitˈudɐ]
paralelo (m)	paralela (f)	[pɐrɐlˈɛlɐ]
ecuador (m)	equador (m)	[ekwɐdˈor]

cielo (m)	céu (m)	[sˈɛu]
horizonte (m)	horizonte (m)	[ɔrizˈõtɐ]
aire (m)	ar (m)	[ar]

faro (m)	farol (m)	[fɐrˈɔl]
bucear (vi)	mergulhar (vi)	[mɐrguʎˈar]
hundirse (vr)	afundar-se (vp)	[ɐfũdˈarsɐ]
tesoros (m pl)	tesouros (m pl)	[tɐzˈoruʃ]

126. Los nombres de los mares y los océanos

océano (m) Atlántico	Oceano (m) Atlântico	[ɔsjˈɐnu ɐtlˈãtiku]
océano (m) Índico	Oceano (m) Índico	[ɔsjˈɐnu ˈĩdiku]
océano (m) Pacífico	Oceano (m) Pacífico	[ɔsjˈɐnu pɐsˈifiku]
océano (m) Glacial Ártico	Oceano (m) Ártico	[ɔsjˈɐnu ˈartiku]

mar (m) Negro	Mar (m) Negro	[mar nˈegru]
mar (m) Rojo	Mar (m) Vermelho	[mar vɐrmˈeʎu]
mar (m) Amarillo	Mar (m) Amarelo	[mar ɐmɐrˈɛlu]
mar (m) Blanco	Mar (m) Branco	[mar brˈãku]

mar (m) Caspio	Mar (m) Cáspio	[mar kˈaʃpiu]
mar (m) Muerto	Mar (m) Morto	[mar mˈortu]
mar (m) Mediterráneo	Mar (m) Mediterrâneo	[mar mɐditɐʀˈɐniu]

| mar (m) Egeo | Mar (m) Egeu | [mar eʒˈeu] |
| mar (m) Adriático | Mar (m) Adriático | [mar ɐdrjˈatiku] |

| mar (m) Arábigo | Mar (m) Arábico | [mar ɐrˈabiku] |
| mar (m) del Japón | Mar (m) do Japão | [mar du ʒɐpˈãu] |

mar (m) de Bering	Mar (m) de Bering	[mar də bərĩg]
mar (m) de la China Meridional	Mar (m) da China Meridional	[mar də ʃinɐ məridiun'al]
mar (m) del Coral	Mar (m) de Coral	[mar də kur'al]
mar (m) de Tasmania	Mar (m) de Tasman	[mar də taʒmɐn]
mar (m) Caribe	Mar (m) do Caribe	[mar du kɐr'ibɐ]
mar (m) de Barents	Mar (m) de Barents	[mar də bərẽtʃ]
mar (m) de Kara	Mar (m) de Kara	[mar də k'arɐ]
mar (m) del Norte	Mar (m) do Norte	[mar du n'ɔrtə]
mar (m) Báltico	Mar (m) Báltico	[mar b'altiku]
mar (m) de Noruega	Mar (m) da Noruega	[mar də nɔru'ɛgɐ]

127. Las montañas

montaña (f)	montanha (f)	[mõt'ɐɲɐ]
cadena (f) de montañas	cordilheira (f)	[kurdiʎ'ɐjrɐ]
cresta (f) de montañas	serra (f)	[s'ɛʀɐ]
cima (f)	cume (m)	[k'umə]
pico (m)	pico (m)	[p'iku]
pie (m)	sopé (m)	[sup'ɛ]
cuesta (f)	declive (m)	[dəkl'ivə]
volcán (m)	vulcão (m)	[vulk'ãu]
volcán (m) activo	vulcão (m) ativo	[vulk'ãu at'ivu]
volcán (m) apagado	vulcão (m) extinto	[vulk'ãu əʃt'ĩtu]
erupción (f)	erupção (f)	[erups'ãu]
cráter (m)	cratera (f)	[krɐt'ɛrɐ]
magma (f)	magma (m)	[m'agmɐ]
lava (f)	lava (f)	[l'avɐ]
fundido (lava ~a)	fundido	[fũd'idu]
cañón (m)	desfiladeiro (m)	[dəʃfilɐd'ɐjru]
desfiladero (m)	garganta (f)	[gɐrg'ãtɐ]
grieta (f)	fenda (f)	[f'ẽdɐ]
precipicio (m)	precipício (m)	[prəsip'isiu]
puerto (m) (paso)	passo, colo (m)	[p'asu], [k'ɔlu]
meseta (f)	planalto (m)	[plɐn'altu]
roca (f)	falésia (f)	[fɐl'ɛziɐ]
colina (f)	colina (f)	[kul'inɐ]
glaciar (m)	glaciar (m)	[glɐsj'ar]
cascada (f)	queda (f) d'água	[k'ɛdɐ d'aguɐ]
géiser (m)	géiser (m)	[ʒ'ɛjzɛr]
lago (m)	lago (m)	[l'agu]
llanura (f)	planície (f)	[plɐn'isiɐ]
paisaje (m)	paisagem (f)	[pajz'aʒẽj]
eco (m)	eco (m)	['ɛku]

alpinista (m)	alpinista (m)	[alpin'iʃtɐ]
escalador (m)	escalador (m)	[ɐʃkelɐd'or]
conquistar (vt)	conquistar (vt)	[kõkiʃt'ar]
ascensión (f)	subida, escalada (f)	[sub'idɐ], [ɐʃkɐl'adɐ]

128. Los nombres de las montañas

Alpes (m pl)	Alpes (m pl)	['alpɐʃ]
Montblanc (m)	monte Branco (m)	[m'õtə br'ãku]
Pirineos (m pl)	Pirineus (m pl)	[pirin'euʃ]

Cárpatos (m pl)	Cárpatos (m pl)	[k'arpɐtuʃ]
Urales (m pl)	montes (m pl) Urais	[m'õtəʃ ur'ajʃ]
Cáucaso (m)	Cáucaso (m)	[k'aukɐzu]
Elbrus (m)	Elbrus (m)	[elbr'uʃ]

Altai (m)	Altai (m)	[ɐlt'aj]
Tian-Shan (m)	Tian Shan (m)	[tien ʃen]
Pamir (m)	Pamir (m)	[pɐm'ir]
Himalayos (m pl)	Himalaias (m pl)	[imɐl'ajɐʃ]
Everest (m)	monte (m) Everest	[m'õtə evɐr'eʃt]

| Andes (m pl) | Cordilheira (f) dos Andes | [kurdiʎ'ejrɐ duʃ 'ãdəʃ] |
| Kilimanjaro (m) | Kilimanjaro (m) | [kilimãʒ'aru] |

129. Los ríos

río (m)	rio (m)	[ʀ'iu]
manantial (m)	fonte, nascente (f)	[f'õtɐ], [nɐʃs'ẽtɐ]
lecho (m) (curso de agua)	leito (m) do rio	[l'ejtu du ʀ'iu]
cuenca (f) fluvial	bacia (f)	[bɐs'iɐ]
desembocar en ...	desaguar no ...	[dəzagu'ar nu]

| afluente (m) | afluente (m) | [ɐflu'ẽtə] |
| ribera (f) | margem (f) | [m'arʒẽj] |

corriente (f)	corrente (f)	[kuʀ'ẽtɐ]
río abajo (adv)	rio abaixo	[ʀ'iu ɐb'ajʃu]
río arriba (adv)	rio acima	[ʀ'iu ɐs'imɐ]

inundación (f)	inundação (f)	[inũdɐs'ãu]
riada (f)	cheia (f)	[ʃ'ejɐ]
desbordarse (vr)	transbordar (vi)	[trãʒburd'ar]
inundar (vt)	inundar (vt)	[inũd'ar]

| bajo (m) arenoso | baixio (m) | [bajʃ'iu] |
| rápido (m) | rápidos (m pl) | [ʀ'apiduʃ] |

presa (f)	barragem (f)	[bɐʀ'aʒẽj]
canal (m)	canal (m)	[kɐn'al]
lago (m) artificiale	reservatório (m) de água	[ʀɐzɐrvɐt'ɔriu də 'aguɐ]
esclusa (f)	esclusa (f)	[ɐʃkl'uzɐ]

| mar (m) de Bering | Mar (m) de Bering | [mar də berĩg] |
| mar (m) de la China Meridional | Mar (m) da China Meridional | [mar de ʃinɐ meridiun'al] |

mar (m) del Coral	Mar (m) de Coral	[mar də kur'al]
mar (m) de Tasmania	Mar (m) de Tasman	[mar də taʒmɐn]
mar (m) Caribe	Mar (m) do Caribe	[mar du kɐr'ibə]

| mar (m) de Barents | Mar (m) de Barents | [mar də berẽtʃ] |
| mar (m) de Kara | Mar (m) de Kara | [mar də k'arɐ] |

mar (m) del Norte	Mar (m) do Norte	[mar du n'ɔrtə]
mar (m) Báltico	Mar (m) Báltico	[mar b'altiku]
mar (m) de Noruega	Mar (m) da Noruega	[mar də nɔru'ɛgɐ]

127. Las montañas

montaña (f)	montanha (f)	[mõt'ɐɲɐ]
cadena (f) de montañas	cordilheira (f)	[kurdiʎ'ɐjrɐ]
cresta (f) de montañas	serra (f)	[s'ɛʀɐ]

cima (f)	cume (m)	[k'umə]
pico (m)	pico (m)	[p'iku]
pie (m)	sopé (m)	[sup'ɛ]
cuesta (f)	declive (m)	[dəkl'ivə]

volcán (m)	vulcão (m)	[vulk'ãu]
volcán (m) activo	vulcão (m) ativo	[vulk'ãu at'ivu]
volcán (m) apagado	vulcão (m) extinto	[vulk'ãu əʃt'ĩtu]

erupción (f)	erupção (f)	[erups'ãu]
cráter (m)	cratera (f)	[krɐt'ɛrɐ]
magma (f)	magma (m)	[m'agmɐ]
lava (f)	lava (f)	[l'avɐ]
fundido (lava ~a)	fundido	[fũd'idu]

cañón (m)	desfiladeiro (m)	[dəʃfilɐd'ejru]
desfiladero (m)	garganta (f)	[gɐrg'ãtɐ]
grieta (f)	fenda (f)	[f'ẽdɐ]
precipicio (m)	precipício (m)	[prəsip'isiu]

puerto (m) (paso)	passo, colo (m)	[p'asu], [k'ɔlu]
meseta (f)	planalto (m)	[plɐn'altu]
roca (f)	falésia (f)	[fɐl'ɛziɐ]
colina (f)	colina (f)	[kul'inɐ]

glaciar (m)	glaciar (m)	[glɐsj'ar]
cascada (f)	queda (f) d'água	[k'ɛdɐ d'aguɐ]
géiser (m)	géiser (m)	[ʒ'ɛjzɛr]
lago (m)	lago (m)	[l'agu]

llanura (f)	planície (f)	[plɐn'isiɐ]
paisaje (m)	paisagem (f)	[pajz'aʒẽj]
eco (m)	eco (m)	['ɛku]

alpinista (m)	alpinista (m)	[alpin'iʃtɐ]
escalador (m)	escalador (m)	[ɐʃkelɐd'or]
conquistar (vt)	conquistar (vt)	[kõkiʃt'ar]
ascensión (f)	subida, escalada (f)	[sub'idɐ], [ɐʃkɐl'adɐ]

128. Los nombres de las montañas

Alpes (m pl)	Alpes (m pl)	['alpɐʃ]
Montblanc (m)	monte Branco (m)	[m'õtɐ br'ãku]
Pirineos (m pl)	Pirineus (m pl)	[pirin'euʃ]
Cárpatos (m pl)	Cárpatos (m pl)	[k'arpɐtuʃ]
Urales (m pl)	montes (m pl) Urais	[m'õtɐʃ ur'ajʃ]
Cáucaso (m)	Cáucaso (m)	[k'aukɐzu]
Elbrus (m)	Elbrus (m)	[elbr'uʃ]
Altai (m)	Altai (m)	[ɐlt'aj]
Tian-Shan (m)	Tian Shan (m)	[tiɐn ʃen]
Pamir (m)	Pamir (m)	[pɐm'ir]
Himalayos (m pl)	Himalaias (m pl)	[imɐl'ajɐʃ]
Everest (m)	monte (m) Everest	[m'õtɐ evɐr'eʃt]
Andes (m pl)	Cordilheira (f) dos Andes	[kurdiʎ'ejrɐ duʃ 'ãdɐʃ]
Kilimanjaro (m)	Kilimanjaro (m)	[kilimãʒ'aru]

129. Los ríos

río (m)	rio (m)	[ʀ'iu]
manantial (m)	fonte, nascente (f)	[f'õtɐ], [nɐʃs'ẽtɐ]
lecho (m) (curso de agua)	leito (m) do rio	[l'ejtu du ʀ'iu]
cuenca (f) fluvial	bacia (f)	[bɐs'iɐ]
desembocar en ...	desaguar no ...	[dɐzagu'ar nu]
afluente (m)	afluente (m)	[ɐflu'ẽtɐ]
ribera (f)	margem (f)	[m'arʒẽj]
corriente (f)	corrente (f)	[kuʀ'ẽtɐ]
río abajo (adv)	rio abaixo	[ʀ'iu ɐb'ajʃu]
río arriba (adv)	rio acima	[ʀ'iu ɐs'imɐ]
inundación (f)	inundação (f)	[inũdɐs'ãu]
riada (f)	cheia (f)	[ʃ'ejɐ]
desbordarse (vr)	transbordar (vi)	[trãʒburd'ar]
inundar (vt)	inundar (vt)	[inũd'ar]
bajo (m) arenoso	baixio (m)	[bajʃ'iu]
rápido (m)	rápidos (m pl)	[ʀ'apiduʃ]
presa (f)	barragem (f)	[bɐʀ'aʒẽj]
canal (m)	canal (m)	[kɐn'al]
lago (m) artificiale	reservatório (m) de água	[ʀɐzɐrvɐt'ɔriu dɐ 'aguɐ]
esclusa (f)	esclusa (f)	[ɐʃkl'uzɐ]

cuerpo (m) de agua	corpo (m) de água	[k'orpu də 'aguɐ]
pantano (m)	pântano (m)	[p'ãtɐnu]
ciénaga (m)	tremedal (m)	[trəməd'al]
remolino (m)	remoinho (m)	[ʀəmu'iɲu]
arroyo (m)	arroio, regato (m)	[ɐʀ'oju], [ʀəg'atu]
potable (adj)	potável	[put'avɛl]
dulce (agua ~)	doce	[d'osə]
hielo (m)	gelo (m)	[ʒ'elu]
helarse (el lago, etc.)	congelar-se (vp)	[kõʒəl'arsə]

130. Los nombres de los ríos

Sena (m)	rio Sena (m)	[ʀ'iu s'enɐ]
Loira (m)	rio Loire (m)	[ʀ'iu lu'ar]
Támesis (m)	rio Tamisa (m)	[ʀ'iu təm'izɐ]
Rin (m)	rio Reno (m)	[ʀ'iu ʀ'ɐnu]
Danubio (m)	rio Danúbio (m)	[ʀ'iu dɐn'ubiu]
Volga (m)	rio Volga (m)	[ʀ'iu v'ɔlgɐ]
Don (m)	rio Don (m)	[ʀ'iu dɔn]
Lena (m)	rio Lena (m)	[ʀ'iu l'enɐ]
Río (m) Amarillo	rio Amarelo (m)	[ʀ'iu ɐmɐr'ɛlu]
Río (m) Azul	rio Yangtzé (m)	[ʀ'iu iãgtz'ɛ]
Mekong (m)	rio Mekong (m)	[ʀ'iu mik'õg]
Ganges (m)	rio Ganges (m)	[ʀ'iu g'ãʒəʃ]
Nilo (m)	rio Nilo (m)	[ʀ'iu n'ilu]
Congo (m)	rio Congo (m)	[ʀ'iu k'õgu]
Okavango (m)	rio Cubango (m)	[ʀ'iu kub'ãgu]
Zambeze (m)	rio Zambeze (m)	[ʀ'iu zãb'ɛzə]
Limpopo (m)	rio Limpopo (m)	[ʀ'iu lĩp'opu]
Misisipí (m)	rio Mississipi (m)	[ʀ'iu misisip'i]

131. El bosque

bosque (m)	floresta (f), bosque (m)	[flur'ɛʃtɐ], [b'ɔʃkə]
de bosque (adj)	florestal	[flurəʃt'al]
espesura (f)	mata (f) cerrada	[m'atɐ səʀ'adɐ]
bosquecillo (m)	arvoredo (m)	[ɐrvur'edu]
claro (m)	clareira (f)	[klɐr'ejrɐ]
maleza (f)	matagal (f)	[mɐtɐg'al]
matorral (f)	mato (m)	[m'atu]
senda (f)	vereda (f)	[vər'odɐ]
barranco (m)	ravina (f)	[ʀɐv'inɐ]
árbol (m)	árvore (f)	['arvurə]

| hoja (f) | folha (f) | [fʹoʎɐ] |
| follaje (m) | folhagem (f) | [fuʎʹaʒẽj] |

caída (f) de hojas	queda (f) das folha	[kʹɛdɐ dɐʃ fʹoʎɐ]
caer (las hojas)	cair (vi)	[kɐʹir]
cima (f)	topo (m)	[tʹopu]

rama (f)	ramo (m)	[ʀʹemu]
rama (f) (gruesa)	galho (m)	[gʹaʎu]
brote (m)	botão, rebento (m)	[butʹãu], [ʀɐbʹẽtu]
aguja (f)	agulha (f)	[ɐgʹuʎɐ]
piña (f)	pinha (f)	[pʹiɲɐ]

agujero (m)	buraco (m) de árvore	[burʹaku də ʹarvurə]
nido (m)	ninho (m)	[nʹiɲu]
madriguera (f)	toca (f)	[tʹɔkɐ]

tronco (m)	tronco (m)	[trʹõku]
raíz (f)	raiz (f)	[ʀɐʹiʃ]
corteza (f)	casca (f) de árvore	[kʹaʃkɐ də ʹarvurə]
musgo (m)	musgo (m)	[mʹuʒgu]

extirpar (vt)	arrancar pela raiz	[ɐʀãkʹar pʹelɐ ʀɐʹiʃ]
talar (vt)	cortar (vt)	[kurtʹar]
deforestar (vt)	desflorestar (vt)	[dəʃflurəʃtʹar]
tocón (m)	toco, cepo (m)	[tʹɔku], [sʹepu]

hoguera (f)	fogueira (f)	[fugʹejrɐ]
incendio (m)	incêndio (m) florestal	[ĩsʹẽdiu flurəʃtʹal]
apagar (~ el incendio)	apagar (vt)	[ɐpɐgʹar]

guarda (m) forestal	guarda-florestal (m)	[guʹardɐ flurəʃtʹal]
protección (f)	proteção (f)	[prutɛsʹãu]
proteger (vt)	proteger (vt)	[prutəʒʹer]
cazador (m) furtivo	caçador (m) furtivo	[kɐsɐdʹor furtʹivu]
cepo (m)	armadilha (f)	[ɐrmɐdʹiʎɐ]

| recoger (setas, bayas) | colher (vt) | [kuʎʹɛr] |
| perderse (vr) | perder-se (vp) | [pərdʹersə] |

132. Los recursos naturales

recursos (m pl) naturales	recursos (m pl) naturais	[ʀəkʹursuʃ nɐturʹajʃ]
minerales (m pl)	minerais (m pl)	[minərʹajʃ]
depósitos (m pl)	depósitos (m pl)	[dəpʹɔzituʃ]
yacimiento (m)	jazida (f)	[ʒɐzʹidɐ]

extraer (vt)	extrair (vt)	[əʃtrɐʹir]
extracción (f)	extração (f)	[əʃtrɐsʹãu]
mineral (m)	minério (m)	[minʹɛriu]
mina (f)	mina (f)	[mʹinɐ]
pozo (m) de mina	poço (m) de mina	[pʹosu də mʹinɐ]
minero (m)	mineiro (m)	[minʹejru]
gas (m)	gás (m)	[gaʃ]

gasoducto (m)	gasoduto (m)	[gazɔd'utu]
petróleo (m)	petróleo (m)	[pətr'ɔliu]
oleoducto (m)	oleoduto (m)	[ɔliud'utu]
torre (f) petrolera	poço (m) de petróleo	[p'osu də pətr'ɔliu]
torre (f) de sondeo	torre (f) petrolífera	[t'oʀə pətrul'ifəɾe]
petrolero (m)	petroleiro (m)	[pətrul'ejɾu]
arena (f)	areia (f)	[ɐɾ'ɐjɐ]
caliza (f)	calcário (m)	[kalk'ariu]
grava (f)	cascalho (m)	[kɐʃk'aʎu]
turba (f)	turfa (f)	[t'urfɐ]
arcilla (f)	argila (f)	[ɐɾʒ'ilɐ]
carbón (m)	carvão (m)	[kɐɾv'ãu]
hierro (m)	ferro (m)	[f'ɛʀu]
oro (m)	ouro (m)	['oɾu]
plata (f)	prata (f)	[pɾ'atɐ]
níquel (m)	níquel (m)	[n'ikɛl]
cobre (m)	cobre (m)	[k'ɔbɾə]
zinc (m)	zinco (m)	[z'ĩku]
manganeso (m)	manganês (m)	[mãgɐn'eʃ]
mercurio (m)	mercúrio (m)	[mɐɾk'uɾiu]
plomo (m)	chumbo (m)	[ʃ'ũbu]
mineral (m)	mineral (m)	[minɐɾ'al]
cristal (m)	cristal (m)	[kɾiʃt'al]
mármol (m)	mármore (m)	[m'aɾmuɾə]
uranio (m)	urânio (m)	[uɾ'ɐniu]

La tierra. Unidad 2

133. El tiempo

tiempo (m)	tempo (m)	[t'ēpu]
previsión (m) del tiempo	previsão (f) do tempo	[prəviz'ãu du t'ēpu]
temperatura (f)	temperatura (f)	[tēpəret'urɐ]
termómetro (m)	termómetro (m)	[tɐrm'ɔmətru]
barómetro (m)	barómetro (m)	[bɐr'ɔmətru]
húmedo (adj)	húmido	['umidu]
humedad (f)	humidade (f)	[umid'adə]
calor (m) intenso	calor (m)	[kɐl'or]
tórrido (adj)	cálido	[k'alidu]
hace mucho calor	está muito calor	[əʃt'a m'ũjtu kɐl'or]
hace calor (templado)	está calor	[əʃt'a kɐl'or]
templado (adj)	quente	[k'ētə]
hace frío	está frio	[əʃt'a fr'iu]
frío (adj)	frio	[fr'iu]
sol (m)	sol (m)	[sɔl]
brillar (vi)	brilhar (vi)	[briʎ'ar]
soleado (un día ~)	de sol, ensolarado	[də sɔl], [ẽsulɐr'adu]
elevarse (el sol)	nascer (vi)	[nɐʃs'er]
ponerse (vr)	pôr-se (vp)	[p'orsə]
nube (f)	nuvem (f)	[n'uvẽj]
nuboso (adj)	nublado	[nubl'adu]
nubarrón (m)	nuvem (f) negra	[n'uvẽj n'egrɐ]
nublado (adj)	escuro, cinzento	[əʃk'uru], [sĩz'ētu]
lluvia (f)	chuva (f)	[ʃ'uvɐ]
está lloviendo	está a chover	[əʃt'a ɐ ʃuv'er]
lluvioso (adj)	chuvoso	[ʃuv'ozu]
lloviznar (vi)	chuviscar (vi)	[ʃuviʃk'ar]
aguacero (m)	chuva (f) torrencial	[ʃ'uvɐ tuɾ̃ẽsj'al]
chaparrón (m)	chuvada (f)	[ʃuv'adɐ]
fuerte (la lluvia ~)	forte	[f'ɔrtə]
charco (m)	poça (f)	[p'ɔsɐ]
mojarse (vr)	molhar-se (vp)	[muʎ'arsə]
niebla (f)	nevoeiro (m)	[nəvu'ejru]
nebuloso (adj)	de nevoeiro	[də nəvu'ejru]
nieve (f)	neve (f)	[n'ɛvə]
está nevando	está a nevar	[əʃt'a ɐ nɛv'ar]

134. Los eventos climáticos severos. Los desastres naturales

tormenta (f)	trovoada (f)	[truvu'adɐ]
relámpago (m)	relâmpago (m)	[ʀəl'ãpɐgu]
relampaguear (vi)	relampejar (vi)	[ʀəlãpəʒ'ar]

trueno (m)	trovão (m)	[truv'ãu]
tronar (vi)	trovejar (vi)	[truvəʒ'ar]
está tronando	está a trovejar	[əʃt'a ɐ truvəʒ'ar]

granizo (m)	granizo (m)	[gren'izu]
está granizando	está a cair granizo	[əʃt'a ɐ kɐ'ir gren'izu]

inundar (vt)	inundar (vt)	[inũd'ar]
inundación (f)	inundação (f)	[inũdɐs'ãu]

terremoto (m)	terremoto (m)	[təʀəm'ɔtu]
sacudida (f)	abalo, tremor (m)	[ɐb'alu], [trəm'or]
epicentro (m)	epicentro (m)	[epis'ẽtru]

erupción (f)	erupção (f)	[erups'ãu]
lava (f)	lava (f)	[l'avɐ]

torbellino (m)	turbilhão (m)	[turbiʎ'ãu]
tornado (m)	tornado (m)	[turn'adu]
tifón (m)	tufão (m)	[tuf'ãu]

huracán (m)	furacão (m)	[furɐk'ãu]
tempestad (f)	tempestade (f)	[tẽpəʃt'adə]
tsunami (m)	tsunami (m)	[tsun'emi]

ciclón (m)	ciclone (m)	[sikl'ɔnə]
mal tiempo (m)	mau tempo (m)	[m'au t'ẽpu]
incendio (m)	incêndio (m)	[ĩs'ẽdiu]
catástrofe (f)	catástrofe (f)	[kɐt'aʃtrufə]
meteorito (m)	meteorito (m)	[mətiur'itu]

avalancha (f)	avalanche (f)	[ɐvɐl'ãʃə]
alud (m) de nieve	deslizamento (f) de neve	[dəʒlizɐm'ẽtu də n'ɛvə]
ventisca (f)	nevasca (f)	[nəv'aʃkɐ]
nevasca (f)	tempestade (f) de neve	[tẽpəʃt'adə də n'ɛvə]

La fauna

135. Los mamíferos. Los predadores

carnívoro (m)	predador (m)	[prəded'or]
tigre (m)	tigre (m)	[t'igrə]
león (m)	leão (m)	[lj'ãu]
lobo (m)	lobo (m)	[l'obu]
zorro (m)	raposa (f)	[ʀɐp'ozɐ]
jaguar (m)	jaguar (m)	[ʒɐgu'ar]
leopardo (m)	leopardo (m)	[liup'ardu]
guepardo (m)	chita (f)	[ʃ'itɐ]
pantera (f)	pantera (f)	[pãt'erɐ]
puma (f)	puma (m)	[p'umɐ]
leopardo (m) de las nieves	leopardo-das-neves (m)	[liup'ardu dɐʒ n'ɛvɐʃ]
lince (m)	lince (m)	[l'ĩsə]
coyote (m)	coiote (m)	[koj'ɔtə]
chacal (m)	chacal (m)	[ʃɐk'al]
hiena (f)	hiena (f)	[j'enɐ]

136. Los animales salvajes

animal (m)	animal (m)	[ɐnim'al]
bestia (f)	besta (f)	[b'eʃtɐ]
ardilla (f)	esquilo (m)	[əʃk'ilu]
erizo (m)	ouriço (m)	[or'isu]
liebre (f)	lebre (f)	[l'ɛbrɐ]
conejo (m)	coelho (m)	[ku'ɐʎu]
tejón (m)	texugo (m)	[tɛks'ugu]
mapache (m)	guaxinim (m)	[guaksin'ĩ]
hámster (m)	hamster (m)	['ɐmstɐr]
marmota (f)	marmota (f)	[mɐrm'ɔtɐ]
topo (m)	toupeira (f)	[top'ejrɐ]
ratón (m)	rato (m)	[ʀ'atu]
rata (f)	ratazana (f)	[ʀɐtɐz'ɐnɐ]
murciélago (m)	morcego (m)	[murs'egu]
armiño (m)	arminho (m)	[ɐrm'iɲu]
cebellina (f)	zibelina (f)	[zibəl'inɐ]
marta (f)	marta (f)	[m'artɐ]
comadreja (f)	doninha (f)	[dun'iɲɐ]
visón (m)	vison (m)	[viz'õ]

castor (m)	castor (m)	[keʃtˈor]
nutria (f)	lontra (f)	[lˈõtrɐ]
caballo (m)	cavalo (m)	[kɐvˈalu]
alce (m)	alce (m) americano	[ˈalsə emərikˈenu]
ciervo (m)	veado (m)	[vjˈadu]
camello (m)	camelo (m)	[kɐmˈelu]
bisonte (m)	bisão (m)	[bizˈãu]
uro (m)	auroque (m)	[aurˈɔkə]
búfalo (m)	búfalo (m)	[bˈufɐlu]
cebra (f)	zebra (f)	[zˈɛbrɐ]
antílope (m)	antílope (m)	[ãtˈilupə]
corzo (m)	corça (f)	[kˈɔrsɐ]
gamo (m)	gamo (m)	[gˈemu]
gamuza (f)	camurça (f)	[kɐmˈursɐ]
jabalí (m)	javali (m)	[ʒevelˈi]
ballena (f)	baleia (f)	[belˈeje]
foca (f)	foca (f)	[fˈɔke]
morsa (f)	morsa (f)	[mˈɔrsɐ]
oso (m) marino	urso-marinho (m)	[ˈursu merˈiɲu]
delfín (m)	golfinho (m)	[golfˈiɲu]
oso (m)	urso (m)	[ˈursu]
oso (m) blanco	urso (m) branco	[ˈursu brˈãku]
panda (f)	panda (m)	[pˈãdɐ]
mono (m)	macaco (m)	[mekˈaku]
chimpancé (m)	chimpanzé (m)	[ʃĩpãzˈɛ]
orangután (m)	orangotango (m)	[ɔrãgutˈãgu]
gorila (m)	gorila (m)	[gurˈile]
macaco (m)	macaco (m)	[mekˈaku]
gibón (m)	gibão (m)	[ʒibˈãu]
elefante (m)	elefante (m)	[elɐfˈãtə]
rinoceronte (m)	rinoceronte (m)	[ʀinɔsərˈõtə]
jirafa (f)	girafa (f)	[ʒirˈafe]
hipopótamo (m)	hipopótamo (m)	[ipɔpˈɔtemu]
canguro (m)	canguru (m)	[kãgurˈu]
koala (f)	coala (m)	[kuˈale]
mangosta (f)	mangusto (m)	[mãgˈuʃtu]
chinchilla (f)	chinchila (f)	[ʃĩʃˈile]
mofeta (f)	doninha-fedorenta (f)	[duniɲe fədurˈẽte]
espín (m)	porco-espinho (m)	[pˈɔrkɔ əʃpˈiɲu]

137. Los animales domésticos

gata (f)	gata (f)	[gˈatɐ]
gato (m)	gato (m) macho	[gˈatu mˈaʃu]
perro (m)	cão (m)	[kˈãu]

T&P Books. Vocabulario español-portugués - 5000 palabras más usadas

caballo (m)	cavalo (m)	[kɐv'alu]
garañón (m)	garanhão (m)	[gɐrɐɲ'ãu]
yegua (f)	égua (f)	['ɛguɐ]

vaca (f)	vaca (f)	[v'akɐ]
toro (m)	touro (m)	[t'oru]
buey (m)	boi (m)	[boj]

oveja (f)	ovelha (f)	[ɔv'ɐʎɐ]
carnero (m)	carneiro (m)	[kɐrn'ejru]
cabra (f)	cabra (f)	[k'abrɐ]
cabrón (m)	bode (m)	[b'ɔdə]

| asno (m) | burro (m) | [b'uʀu] |
| mulo (m) | mula (f) | [m'ulɐ] |

cerdo (m)	porco (m)	[p'orku]
cerdito (m)	porquinho (m)	[purk'iɲu]
conejo (m)	coelho (m)	[ku'ɐʎu]

| gallina (f) | galinha (f) | [gɐl'iɲɐ] |
| gallo (m) | galo (m) | [g'alu] |

pato (m)	pato (m), pata (f)	[p'atu], [p'atɐ]
ánade (m)	pato (m)	[p'atu]
ganso (m)	ganso (m)	[g'ãsu]

| pavo (m) | peru (m) | [pər'u] |
| pava (f) | perua (f) | [pər'uɐ] |

animales (m pl) domésticos	animais (m pl) domésticos	[ɐnim'ajʃ dum'ɛʃtikuʃ]
domesticado (adj)	domesticado	[duməʃtik'adu]
domesticar (vt)	domesticar (vt)	[duməʃtik'ar]
criar (vt)	criar (vt)	[kri'ar]

granja (f)	quinta (f)	[k'ĩtɐ]
aves (f pl) de corral	aves (f pl) domésticas	['avɐʃ dum'ɛʃtikɐʃ]
ganado (m)	gado (m)	[g'adu]
rebaño (m)	rebanho (m), manada (f)	[ʀəb'ɐɲu], [mɐn'adɐ]

caballeriza (f)	estábulo (m)	[əʃt'abulu]
porqueriza (f)	pocilga (f)	[pus'ilgɐ]
vaquería (f)	vacaria (m)	[vɐkɐr'iɐ]
conejal (m)	coelheira (f)	[kuɛʎ'ejrɐ]
gallinero (m)	galinheiro (m)	[gɐliɲ'ejru]

138. Los pájaros

pájaro (m)	pássaro, ave (m)	[p'asɐru], ['avə]
paloma (f)	pombo (m)	[p'õbu]
gorrión (m)	pardal (m)	[pɐrd'al]
paro (m)	chapim-real (m)	[ʃɐp'ĩ ʀi'al]
cotorra (f)	pega-rabuda (f)	[p'ɛgɐ ʀɐb'udɐ]
cuervo (m)	corvo (m)	[k'orvu]

corneja (f)	gralha (f) cinzenta	[grˈaʎɐ sĩzˈẽtɐ]
chova (f)	gralha-de-nuca-cinzenta (f)	[grˈaʎɐ də nˈukɐ sĩzˈẽtɐ]
grajo (m)	gralha-calva (f)	[grˈaʎɐ kˈalvɐ]

pato (m)	pato (m)	[pˈatu]
ganso (m)	ganso (m)	[gˈɐ̃su]
faisán (m)	faisão (m)	[fajzˈɐ̃u]

águila (f)	águia (f)	[ˈagiɐ]
azor (m)	açor (m)	[ɐsˈor]
halcón (m)	falcão (m)	[falkˈɐ̃u]
buitre (m)	abutre (m)	[ɐbˈutrə]
cóndor (m)	condor (m)	[kõdˈor]

cisne (m)	cisne (m)	[sˈiʒnə]
grulla (f)	grou (m)	[gro]
cigüeña (f)	cegonha (f)	[səgˈoɲɐ]

loro (m), papagayo (m)	papagaio (m)	[pɐpɐgˈaju]
colibrí (m)	beija-flor (m)	[bˈejʒɐ flˈor]
pavo (m) real	pavão (m)	[pɐvˈɐ̃u]

avestruz (m)	avestruz (f)	[ɐvəʃtrˈuʃ]
garza (f)	garça (f)	[gˈarsɐ]
flamenco (m)	flamingo (m)	[flɐmˈĩgu]
pelícano (m)	pelicano (m)	[pəlikˈɐnu]

| ruiseñor (m) | rouxinol (m) | [ʀoʃinˈɔl] |
| golondrina (f) | andorinha (f) | [ɐ̃durˈiɲɐ] |

tordo (m)	tordo-zornal (m)	[tˈɔrdu zurnˈal]
zorzal (m)	tordo-músico (m)	[tˈɔrdu mˈuziku]
mirlo (m)	melro-preto (m)	[mˈɛlʀu prˈetu]

vencejo (m)	andorinhão (m)	[ɐ̃duriɲˈɐ̃u]
alondra (f)	cotovia (f)	[kutuvˈiɐ]
codorniz (f)	codorna (f)	[kɔdˈɔrnɐ]

pico (m)	pica-pau (m)	[pˈikɐ pˈau]
cuco (m)	cuco (m)	[kˈuku]
lechuza (f)	coruja (f)	[kurˈuʒɐ]
búho (m)	corujão, bufo (m)	[kɔruʒˈɐ̃u], [bˈufu]
urogallo (m)	tetraz-grande (m)	[tɛtrˈaʒ grˈɐ̃də]
gallo lira (m)	tetraz-lira (m)	[tɛtrˈaʒ lˈirɐ]
perdiz (f)	perdiz-cinzenta (f)	[pərdiʃ sĩzˈẽtɐ]

estornino (m)	estorninho (m)	[əʃturnˈiɲu]
canario (m)	canário (m)	[kɐnˈariu]
ortega (f)	galinha-do-mato (f)	[gɐlˈiɲɐ du mˈatu]

| pinzón (m) | tentilhão (m) | [tẽtiʎˈɐ̃u] |
| camachuelo (m) | dom-fafe (m) | [dõfˈafə] |

gaviota (f)	gaivota (f)	[ɲajvˈɔtɐ]
albatros (m)	albatroz (m)	[albɐtrˈɔʃ]
pingüino (m)	pinguim (m)	[pĩguˈĩ]

139. Los peces. Los animales marinos

brema (f)	brema (f)	[brʹemɐ]
carpa (f)	carpa (f)	[kʹarpɐ]
perca (f)	perca (f)	[pʹɛrkɐ]
siluro (m)	siluro (m)	[silʹuru]
lucio (m)	lúcio (m)	[lʹusiu]

salmón (m)	salmão (m)	[salmʹãu]
esturión (m)	esturjão (m)	[əʃturʒʹãu]

arenque (m)	arenque (m)	[ɐrʹẽkə]
salmón (m) del Atlántico	salmão (m)	[salmʹãu]
caballa (f)	cavala (m), sarda (f)	[kɐvʹalɐ], [sʹardɐ]
lenguado (m)	solha (f)	[sʹoʎɐ]

lucioperca (m)	zander (m)	[zãdʹer]
bacalao (m)	bacalhau (m)	[bɐkɐʎʹau]
atún (m)	atum (m)	[ɐtʹũ]
trucha (f)	truta (f)	[trʹutɐ]

anguila (f)	enguia (f)	[ẽgʹiɐ]
tembladera (f)	raia elétrica (f)	[ʀʹajɐ elʹɛtrikɐ]
morena (f)	moreia (f)	[murʹejɐ]
piraña (f)	piranha (f)	[pirʹɐɲɐ]

tiburón (m)	tubarão (m)	[tubɐrʹãu]
delfín (m)	golfinho (m)	[golfʹiɲu]
ballena (f)	baleia (f)	[bɐlʹejɐ]

centolla (f)	caranguejo (m)	[kɐrãgʹeʒu]
medusa (f)	medusa, alforreca (f)	[mədʹuzɐ], [alfuʀʹɛkɐ]
pulpo (m)	polvo (m)	[pʹolvu]

estrella (f) de mar	estrela-do-mar (f)	[əʃtrʹelɐ du mʹar]
erizo (m) de mar	ouriço-do-mar (m)	[orʹisu du mʹar]
caballito (m) de mar	cavalo-marinho (m)	[kɐvʹalu mɐrʹiɲu]

ostra (f)	ostra (f)	[ʹɔʃtrɐ]
camarón (m)	camarão (m)	[kɐmɐrʹãu]
bogavante (m)	lavagante (m)	[lɐvɐgʹãtɐ]
langosta (f)	lagosta (f)	[lɐgʹoʃtɐ]

140. Los anfibios. Los reptiles

serpiente (f)	serpente, cobra (f)	[sərpʹẽtɐ], [kʹɔbrɐ]
venenoso (adj)	venenoso	[vənənʹozu]

víbora (f)	víbora (f)	[vʹiburɐ]
cobra (f)	cobra-capelo, naja (f)	[kɔbrɐkɐpʹɛlu], [nʹaʒɐ]
pitón (m)	piton (m)	[pʹitɔn]
boa (f)	jiboia (f)	[ʒibʹɔjɐ]
culebra (f)	cobra-de-água (f)	[kɔbrɐdəʹaguɐ]

| serpiente (m) de cascabel | cascavel (f) | [keʃkɐv'ɛl] |
| anaconda (f) | anaconda (f) | [ɐnɐk'õdɐ] |

lagarto (f)	lagarto (m)	[lɐg'artu]
iguana (f)	iguana (f)	[igu'ɐnɐ]
varano (m)	varano (m)	[vɐr'ɐnu]
salamandra (f)	salamandra (f)	[sɐlɐm'ãdrɐ]
camaleón (m)	camaleão (m)	[kɐmɐlj'ãu]
escorpión (m)	escorpião (m)	[ɐʃkurpj'ãu]

tortuga (f)	tartaruga (f)	[tɐrtɐr'ugɐ]
rana (f)	rã (f)	[ʀã]
sapo (m)	sapo (m)	[s'apu]
cocodrilo (m)	crocodilo (m)	[krukud'ilu]

141. Los insectos

insecto (m)	inseto (m)	[ĩs'ɛtu]
mariposa (f)	borboleta (f)	[burbul'etɐ]
hormiga (f)	formiga (f)	[furm'igɐ]
mosca (f)	mosca (f)	[m'oʃkɐ]
mosquito (m) (picadura de ~)	mosquito (m)	[muʃk'itu]
escarabajo (m)	escaravelho (m)	[ɐʃkɐrɐv'ɛʎu]

avispa (f)	vespa (f)	[v'ɛʃpɐ]
abeja (f)	abelha (f)	[ɐb'eʎɐ]
abejorro (m)	zangão (m)	[zãg'ãu]
moscardón (m)	moscardo (m)	[muʃk'ardu]

| araña (f) | aranha (f) | [ɐr'ɐɲɐ] |
| telaraña (f) | teia (f) de aranha | [t'ɐjɐ dɐ ɐr'ɐɲɐ] |

libélula (f)	libélula (f)	[lib'ɛlulɐ]
saltamontes (m)	gafanhoto-do-campo (m)	[gɐfɐɲ'otu du k'ãpu]
mariposa (f) nocturna	traça (f)	[tr'asɐ]

cucaracha (f)	barata (f)	[bɐr'atɐ]
garrapata (f)	carraça (f)	[kɐʀ'asɐ]
pulga (f)	pulga (f)	[p'ulgɐ]
mosca (f) pequeña	borrachudo (m)	[buʀɐʃ'udu]

langosta (f)	gafanhoto (m)	[gɐfɐɲ'otu]
caracol (m)	caracol (m)	[kɐrɐk'ɔl]
grillo (m)	grilo (m)	[gr'ilu]
luciérnaga (f)	pirilampo (m)	[piril'ãpu]
mariquita (f)	joaninha (f)	[ʒuɐn'iɲɐ]
escarabajo (m) sanjuanero	besouro (m)	[bɐz'oru]

sanguijuela (f)	sanguessuga (f)	[sãgɐs'ugɐ]
oruga (f)	lagarta (f)	[lɐg'artɐ]
gusano (m)	minhoca (f)	[miɲ'ɔkɐ]
larva (f)	larva (f)	[l'arvɐ]

La flora

142. Los árboles

árbol (m)	árvore (f)	['arvurə]
foliáceo (adj)	decídua	[dəs'iduɐ]
conífero (adj)	conífera	[kun'ifɐrɐ]
de hoja perenne	perene	[pər'ɛnə]
manzano (m)	macieira (f)	[mɐsj'ejrɐ]
peral (m)	pereira (f)	[pər'ejrɐ]
cerezo (m)	cerejeira (f)	[sərəʒ'ejrɐ]
guindo (m)	ginjeira (f)	[ʒĩʒ'ejrɐ]
ciruelo (m)	ameixeira (f)	[ɐmɐjʃ'ejrɐ]
abedul (m)	bétula (f)	[b'ɛtulɐ]
roble (m)	carvalho (m)	[kɐrv'aʎu]
tilo (m)	tília (f)	[t'iliɐ]
pobo (m)	choupo-tremedor (m)	[ʃ'opu trəməd'or]
arce (m)	bordo (m)	[b'ɔrdu]
picea (m)	espruce-europeu (m)	[əʃpr'usə eurup'eu]
pino (m)	pinheiro (m)	[piɲ'ejru]
alerce (m)	alerce, lariço (m)	[ɐl'ɛrsə], [lɐr'isu]
abeto (m)	abeto (m)	[ɐb'ɛtu]
cedro (m)	cedro (m)	[s'ɛdru]
álamo (m)	choupo, álamo (m)	[ʃ'opu], ['alɐmu]
serbal (m)	tramazeira (f)	[trɐmɐz'ejrɐ]
sauce (m)	salgueiro (m)	[salg'ejru]
aliso (m)	amieiro (m)	[ɐmj'ejru]
haya (f)	faia (f)	[f'ajɐ]
olmo (m)	ulmeiro (m)	[ulm'ejru]
fresno (m)	freixo (m)	[fr'ejʃu]
castaño (m)	castanheiro (m)	[kɐʃtɐɲ'ejru]
magnolia (f)	magnólia (f)	[mɐgn'ɔliɐ]
palmera (f)	palmeira (f)	[palm'ejrɐ]
ciprés (m)	cipreste (m)	[sipr'ɛʃtə]
mangle (m)	mangue (m)	[m'ãgə]
baobab (m)	embondeiro, baobá (m)	[ẽbõd'ejru], [baub'a]
eucalipto (m)	eucalipto (m)	[eukɐl'iptu]
secoya (f)	sequoia (f)	[səku'ɔjɐ]

143. Los arbustos

mata (f)	arbusto (m)	[ɐrb'uʃtu]
arbusto (m)	arbusto (m), moita (f)	[ɐrb'uʃtu], [m'ojtɐ]

vid (f)	videira (f)	[vid'ejɾɐ]
viñedo (m)	vinhedo (m)	[viɲ'edu]
frambueso (m)	framboeseira (f)	[frãbuez'ejɾɐ]
grosella (f) negra	groselheira-preta (f)	[gruzɐʎejɾɐ pɾ'etɐ]
grosella (f) roja	groselheira-vermelha (f)	[gruzɐʎ'ejɾɐ vɐrm'eʎɐ]
grosellero (m) espinoso	groselheira (f) espinhosa	[gruzɐʎ'ejɾɐ ɐʃpiɲ'ɔzɐ]
acacia (f)	acácia (f)	[ɐk'asiɐ]
berberís (m)	bérberis (f)	[b'ɛrbɐɾiʃ]
jazmín (m)	jasmim (m)	[ʒɐʒm'ĩ]
enebro (m)	junípero (m)	[ʒun'ipɐru]
rosal (m)	roseira (f)	[ʀuz'ejɾɐ]
escaramujo (m)	roseira (f) brava	[ʀuz'ejɾɐ br'avɐ]

144. Las frutas. Las bayas

fruto (m)	fruta (f)	[fr'utɐ]
frutos (m pl)	frutas (f pl)	[fr'utɐʃ]
manzana (f)	maçã (f)	[mɐs'ã]
pera (f)	pera (f)	[p'eɾɐ]
ciruela (f)	ameixa (f)	[ɐm'ejʃɐ]
fresa (f)	morango (m)	[muɾ'ãgu]
guinda (f)	ginja (f)	[ʒ'ĩʒɐ]
cereza (f)	cereja (f)	[sɐɾ'eʒɐ]
uva (f)	uva (f)	['uvɐ]
frambuesa (f)	framboesa (f)	[frãbu'ezɐ]
grosella (f) negra	groselha (f) preta	[gruz'eʎɐ pɾ'etɐ]
grosella (f) roja	groselha (f) vermelha	[gruz'eʎɐ vɐrm'eʎɐ]
grosella (f) espinosa	groselha (f) espinhosa	[gruz'eʎɐ ɐʃpiɲ'ɔzɐ]
arándano (m) agrio	oxicoco (m)	[ɔksik'oku]
naranja (f)	laranja (f)	[lɐɾ'ãʒɐ]
mandarina (f)	tangerina (f)	[tãʒɐɾ'inɐ]
ananás (m)	ananás (m)	[ɐnɐn'aʃ]
banana (f)	banana (f)	[bɐn'ɐnɐ]
dátil (m)	tâmara (f)	[t'ɐmɐɾɐ]
limón (m)	limão (m)	[lim'ãu]
albaricoque (m)	damasco (m)	[dɐm'aʃku]
melocotón (m)	pêssego (m)	[p'esɐgu]
kiwi (m)	kiwi (m)	[kiv'i]
pomelo (m)	toranja (f)	[tuɾ'ãʒɐ]
baya (f)	baga (f)	[b'agɐ]
bayas (f pl)	bagas (f pl)	[b'agɐʃ]
arándano (m) rojo	arando (m) vermelho	[ɐɾ'ãdu vɐrm'ɐʎu]
fresa (f) silvestre	morango-silvestre (m)	[muɾ'ãgu silv'ɛʃtɾɐ]
arándano (m)	mirtilo (m)	[mirt'ilu]

145. Las flores. Las plantas

flor (f)	flor (f)	[flor]
ramo (m) de flores	ramo (m) de flores	[ʀ'emu də fl'oɾɐʃ]

rosa (f)	rosa (f)	[ʀ'ɔzɐ]
tulipán (m)	tulipa (f)	[tul'ipɐ]
clavel (m)	cravo (m)	[kɾ'avu]
gladiolo (m)	gladíolo (m)	[glɐd'iulu]

aciano (m)	centáurea (f)	[sẽt'auɾiɐ]
campanilla (f)	campânula (f)	[kãp'enulɐ]
diente (m) de león	dente-de-leão (m)	[d'ẽtə də li'ãu]
manzanilla (f)	camomila (f)	[kamum'ilɐ]

áloe (m)	aloé (m)	[ɐlu'ɛ]
cacto (m)	cato (m)	[k'atu]
ficus (m)	fícus (m)	[f'ikuʃ]

azucena (f)	lírio (m)	[l'iɾiu]
geranio (m)	gerânio (m)	[ʒəɾ'eniu]
jacinto (m)	jacinto (m)	[ʒes'ĩtu]

mimosa (f)	mimosa (f)	[mim'ɔzɐ]
narciso (m)	narciso (m)	[naɾs'izu]
capuchina (f)	capuchinha (f)	[kɐpuʃ'iɲɐ]

orquídea (f)	orquídea (f)	[ɔɾk'idiɐ]
peonía (f)	peónia (f)	[pj'ɔniɐ]
violeta (f)	violeta (f)	[viul'etɐ]

trinitaria (f)	amor-perfeito (m)	[em'oɾ pəɾf'ejtu]
nomeolvides (f)	não-me-esqueças (m)	[n'ãu mə əʃk'esɐʃ]
margarita (f)	margarida (f)	[mɐɾgeɾ'idɐ]

amapola (f)	papoula (f)	[pɐp'olɐ]
cáñamo (m)	cânhamo (m)	[k'ɐɲɐmu]
menta (f)	hortelã (f)	[ɔɾtəl'ã]

muguete (m)	lírio-do-vale (m)	[l'iɾiu du v'alə]
campanilla (f) de las nieves	campânula-branca (f)	[kãpɐnulɐ bɾ'ãkɐ]

ortiga (f)	urtiga (f)	[uɾt'igɐ]
acedera (f)	azeda (f)	[ɐz'edɐ]
nenúfar (m)	nenúfar (m)	[nən'ufaɾ]
helecho (m)	feto (m), samambaia (f)	[f'ɛtu], [sɐmãb'ajɐ]
liquen (m)	líquen (m)	[l'ikɛn]

invernadero (m) tropical	estufa (f)	[əʃt'ufɐ]
césped (m)	relvado (m)	[ʀɛlv'adu]
macizo (m) de flores	canteiro (m) de flores	[kãt'ejɾu də fl'oɾɐʃ]

planta (f)	planta (f)	[pl'ãtɐ]
hierba (f)	erva (f)	['ɛɾvɐ]
hierbecita (f)	folha (f) de erva	[f'oʎɐ də 'ɛɾvɐ]

hoja (f)	folha (f)	[f'oʎɐ]
pétalo (m)	pétala (f)	[p'ɛtɐlɐ]
tallo (m)	talo (m)	[t'alu]
tubérculo (m)	tubérculo (m)	[tub'ɛrkulu]

| retoño (m) | broto, rebento (m) | [br'out], [ʀəb'ẽtu] |
| espina (f) | espinho (m) | [əʃp'iɲu] |

florecer (vi)	florescer (vi)	[flurəʃs'er]
marchitarse (vr)	murchar (vi)	[murʃ'ar]
olor (m)	cheiro (m)	[ʃ'ejru]
cortar (vt)	cortar (vt)	[kurt'ar]
coger (una flor)	colher (vt)	[kuʎ'ɛr]

146. Los cereales, los granos

grano (m)	grão (m)	[gr'ãu]
cereales (m pl) (plantas)	cereais (m pl)	[sərj'ajʃ]
espiga (f)	espiga (f)	[əʃp'igɐ]

trigo (m)	trigo (m)	[tr'igu]
centeno (m)	centeio (m)	[sẽt'eju]
avena (f)	aveia (f)	[ɐv'ejɐ]
mijo (m)	milho-miúdo (m)	[m'iʎu mi'udu]
cebada (f)	cevada (f)	[səv'adɐ]

maíz (m)	milho (m)	[m'iʎu]
arroz (m)	arroz (m)	[ɐʀ'ɔʒ]
alforfón (m)	trigo-sarraceno (m)	[tr'igu saʀɐs'enu]

guisante (m)	ervilha (f)	[erv'iʎɐ]
fréjol (m)	feijão (m)	[fejʒ'ãu]
soya (f)	soja (f)	[s'ɔʒɐ]
lenteja (f)	lentilha (f)	[lẽt'iʎɐ]
habas (f pl)	fava (f)	[f'avɐ]

LOS PAÍSES. LAS NACIONALIDADES

147. Europa occidental

| Europa (f) | Europa (f) | [eur'ɔpe] |
| Unión (f) Europea | União (f) Europeia | [unj'ãu eurup'eje] |

Austria (f)	Áustria (f)	['auʃtrie]
Gran Bretaña (f)	Grã-Bretanha (f)	[grãbrɐt'eɲɐ]
Inglaterra (f)	Inglaterra (f)	[ĩglet'ɛʀe]
Bélgica (f)	Bélgica (f)	[b'ɛlʒike]
Alemania (f)	Alemanha (f)	[elɐm'ɐɲe]

Países Bajos (m pl)	Países (m pl) Baixos	[pe'izeʃ b'ajʃuʃ]
Holanda (f)	Holanda (f)	[ɔl'ãde]
Grecia (f)	Grécia (f)	[gr'ɛsie]
Dinamarca (f)	Dinamarca (f)	[dinɐm'arke]
Irlanda (f)	Irlanda (f)	[irl'ãde]
Islandia (f)	Islândia (f)	[iʒl'ãdie]

España (f)	Espanha (f)	[eʃp'aɲe]
Italia (f)	Itália (f)	[it'alie]
Chipre (m)	Chipre (m)	[ʃ'ipre]
Malta (f)	Malta (f)	[m'alte]

Noruega (f)	Noruega (f)	[nɔru'ɛge]
Portugal (f)	Portugal (m)	[purtug'al]
Finlandia (f)	Finlândia (f)	[fĩl'ãdie]
Francia (f)	França (f)	[fr'ãse]

Suecia (f)	Suécia (f)	[su'ɛsie]
Suiza (f)	Suíça (f)	[su'ise]
Escocia (f)	Escócia (f)	[eʃk'ɔsie]

Vaticano (m)	Vaticano (m)	[vɐtik'ɐnu]
Liechtenstein (m)	Liechtenstein (m)	[lieʃtẽʃte'jn]
Luxemburgo (m)	Luxemburgo (m)	[luʃẽb'urgu]
Mónaco (m)	Mónaco (m)	[m'ɔnɐku]

148. Europa central y oriental

Albania (f)	Albânia (f)	[alb'ɐnie]
Bulgaria (f)	Bulgária (f)	[bulg'arie]
Hungría (f)	Hungria (f)	[ũgr'ie]
Letonia (f)	Letónia (f)	[lɐt'ɔnie]

| Lituania (f) | Lituânia (f) | [litu'ɐnie] |
| Polonia (f) | Polónia (f) | [pul'ɔnie] |

Rumania (f)	Roménia (f)	[ʀumˈɛniɐ]
Serbia (f)	Sérvia (f)	[sˈɛrviɐ]
Eslovaquia (f)	Eslováquia (f)	[əʒlɔvˈakiɐ]

Croacia (f)	Croácia (f)	[kruˈasiɐ]
Chequia (f)	República (f) Checa	[ʀɛpˈublikɐ ˈʃɛkɐ]
Estonia (f)	Estónia (f)	[əʃtˈɔniɐ]

Bosnia y Herzegovina	Bósnia e Herzegovina (f)	[bˈɔʒniɐ i ɛrzəgɔvˈinɐ]
Macedonia	Macedónia (f)	[məsədˈɔniɐ]
Eslovenia	Eslovénia (f)	[əʒlɔvˈɛniɐ]
Montenegro (m)	Montenegro (m)	[mõtənˈegru]

149. Los países de la antes Unión Soviética

| Azerbaidzhán (m) | Azerbaijão (m) | [ezərbajʒˈãu] |
| Armenia (f) | Arménia (f) | [ermˈɛniɐ] |

Bielorrusia (f)	Bielorrússia (f)	[biɛlɔʀˈusiɐ]
Georgia (f)	Geórgia (f)	[ʒjˈɔrʒiɐ]
Kazajstán (m)	Cazaquistão (m)	[kɐzɐkiʃtˈãu]
Kirguizistán (m)	Quirguistão (m)	[kirgiziʃtˈãu]
Moldavia (f)	Moldávia (f)	[moldˈaviɐ]

| Rusia (f) | Rússia (f) | [ʀˈusiɐ] |
| Ucrania (f) | Ucrânia (f) | [ukrˈɐniɐ] |

Tadzhikistán (m)	Tajiquistão (m)	[teʒikiʃtˈãu]
Turkmenia (f)	Turquemenistão (m)	[turkəməniʃtˈãu]
Uzbekistán (m)	Uzbequistão (f)	[uʒbəkiʃtˈãu]

150. Asia

Asia (f)	Ásia (f)	[ˈaziɐ]
Vietnam (m)	Vietname (m)	[viɛtnˈemə]
India (f)	Índia (f)	[ˈĩdiɐ]
Israel (m)	Israel (m)	[iʒʀɐˈɛl]

China (f)	China (f)	[ʃˈinɐ]
Líbano (m)	Líbano (m)	[lˈibɐnu]
Mongolia (f)	Mongólia (f)	[mõgˈɔliɐ]

| Malasia (f) | Malásia (f) | [mɐlˈaziɐ] |
| Pakistán (m) | Paquistão (m) | [pɐkiʃtˈãu] |

Arabia (f) Saudita	Arábia (f) Saudita	[ɐrˈabiɐ saudˈitɐ]
Tailandia (f)	Tailândia (f)	[tajlˈãdiɐ]
Taiwán (m)	Taiwan (m)	[tajwˈɐn]
Turquía (f)	Turquia (f)	[turkˈiɐ]
Japón (m)	Japão (m)	[ʒɐpˈãu]
Afganistán (m)	Afeganistão (m)	[ɐfəgəniʃtˈãu]
Bangladesh (m)	Bangladesh (m)	[bãgledˈɛʃ]

| Indonesia (f) | Indonésia (f) | [ĩdon'εzie] |
| Jordania (f) | Jordânia (f) | [ʒurd'enie] |

Irak (m)	Iraque (m)	[ir'ake]
Irán (m)	Irão (m)	[ir'ãu]
Camboya (f)	Camboja (f)	[kãb'ɔdʒe]
Kuwait (m)	Kuwait (m)	[kuw'ajt]

Laos (m)	Laos (m)	[leuʃ]
Myanmar (m)	Mianmar (m), Birmânia (f)	[miãm'ar], [birm'enie]
Nepal (m)	Nepal (m)	[nep'al]
Emiratos (m pl) Árabes Unidos	Emirados Árabes Unidos	[emir'aduʃ 'arebeʃ un'iduʃ]

| Siria (f) | Síria (f) | [s'irie] |
| Palestina (f) | Palestina (f) | [peleʃt'ine] |

| Corea (f) del Sur | Coreia do Sul (f) | [kur'eje du sul] |
| Corea (f) del Norte | Coreia do Norte (f) | [kur'eje du n'ɔrte] |

151. América del Norte

Estados Unidos de América (m pl)	Estados Unidos da América (m pl)	[eʃt'aduʃ un'iduʃ de em'εrike]
Canadá (f)	Canadá (m)	[kened'a]
Méjico (m)	México (m)	[m'εʃiku]

152. Centroamérica y Sudamérica

Argentina (f)	Argentina (f)	[erʒẽt'ine]
Brasil (f)	Brasil (m)	[brez'il]
Colombia (f)	Colômbia (f)	[kul'õbie]

| Cuba (f) | Cuba (f) | [k'ube] |
| Chile (m) | Chile (m) | [ʃ'ile] |

| Bolivia (f) | Bolívia (f) | [bul'ivie] |
| Venezuela (f) | Venezuela (f) | [venezu'εle] |

| Paraguay (m) | Paraguai (m) | [peregu'aj] |
| Perú (m) | Peru (m) | [per'u] |

Surinam (m)	Suriname (m)	[surin'eme]
Uruguay (m)	Uruguai (m)	[urugw'aj]
Ecuador (m)	Equador (m)	[ekwed'or]

| Islas (f pl) Bahamas | Bahamas, Baamas (f pl) | [ba'emeʃ] |
| Haití (m) | Haiti (m) | [ajt'i] |

República (f) Dominicana	República (f) Dominicana	[Rεp'ublike duminik'ene]
Panamá (f)	Panamá (m)	[penem'a]
Jamaica (f)	Jamaica (f)	[ʒem'ajke]

153. África

Egipto (m)	Egito (m)	[eʒ'itu]
Marruecos (m)	Marrocos	[mɐʀ'ɔkuʃ]
Túnez (m)	Tunísia (f)	[tun'izie]
Ghana (f)	Gana (f)	[g'enɐ]
Zanzíbar (m)	Zanzibar (m)	[zãzib'ar]
Kenia (f)	Quénia (f)	[k'ɛniɐ]
Libia (f)	Líbia (f)	[l'ibiɐ]
Madagascar (m)	Madagáscar (m)	[mɐdɐg'aʃkar]
Namibia (f)	Namíbia (f)	[nɐm'ibiɐ]
Senegal	Senegal (m)	[sɐnɐg'al]
Tanzania (f)	Tanzânia (f)	[tãz'eniɐ]
República (f) Sudafricana	África do Sul (f)	['afrikɐ du sul]

154. Australia. Oceanía

Australia (f)	Austrália (f)	[auʃtr'aliɐ]
Nueva Zelanda (f)	Nova Zelândia (f)	[n'ɔvɐ zɐl'ãdiɐ]
Tasmania (f)	Tasmânia (f)	[tɐʒm'eniɐ]
Polinesia (f) Francesa	Polinésia Francesa (f)	[pulin'ɛziɐ frãs'ezɐ]

155. Las ciudades

Ámsterdam	Amesterdão	[emɐʃtɛrd'ãu]
Ankara	Ancara	[ãk'arɐ]
Atenas	Atenas	[ɐt'enɐʃ]
Bagdad	Bagdade	[bɐgd'adə]
Bangkok	Banguecoque	[bãgɐk'ɔkə]
Barcelona	Barcelona	[bɐrsɐl'onɐ]
Beirut	Beirute	[bɐjr'utɐ]
Berlín	Berlim	[bɐrl'ĩ]
Bombay	Bombaim	[bõbɐ'ĩ]
Bonn	Bona	[b'ɔnɐ]
Bratislava	Bratislava	[bratiʒl'avɐ]
Bruselas	Bruxelas	[bruʃ'ɛlɐʃ]
Bucarest	Bucareste	[bukɐr'ɛʃtɐ]
Budapest	Budapeste	[budɐp'ɛʃtɐ]
Burdeos	Bordéus	[burd'ɛuʃ]
El Cairo	Cairo	[k'ajru]
Calcuta	Calcutá	[kalkut'a]
Chicago	Chicago	[ʃik'agu]
Copenhague	Copenhaga	[kɔpɐɲ'agɐ]
Dar-es-Salam	Dar es Salaam	[dar ɐʃ sɐl'aãm]
Delhi	Deli	[d'ɛli]

T&P Books. Vocabulario español-portugués - 5000 palabras más usadas

Dubai	Dubai	[dub'aj]
Dublín	Dublin, Dublim	[dubl'in], [dubl'ĩ]
Dusseldorf	Düsseldorf	[dusɛldɔrf]
Estambul	Istambul	[iʃtãb'ul]
Estocolmo	Estocolmo	[əʃtuk'olmu]
Florencia	Florença	[flor'ẽsɐ]
Fráncfort del Meno	Frankfurt	[fr'äkfurt]
Ginebra	Genebra	[ʒən'ɛbrɐ]
La Habana	Havana	[ɐv'ɐnɐ]
Hamburgo	Hamburgo	[ãb'urgu]
Hanói	Hanói	[ɐn'ɔj]
La Haya	Haia	['ajɐ]
Helsinki	Helsínquia	[ɛls'ĩkiɐ]
Hiroshima	Hiroshima	[iroʃ'imɐ]
Hong-Kong	Hong Kong	[õg k'õg]
Jerusalén	Jerusalém	[ʒəruzal'ẽj]
Kiev	Kiev	[kj'ɛv]
Kuala Lumpur	Kuala Lumpur	[ku'alɐ lũp'ur]
Lisboa	Lisboa	[liʒb'oɐ]
Londres	Londres	[l'õdrəʃ]
Los Ángeles	Los Angeles	[luʃ ãʒ'eləʃ]
Lyon	Lyon	[li'ɔn]
Madrid	Madrid	[mɐdr'id]
Marsella	Marselha	[mɐrs'eʎɐ]
Méjico	Cidade do México	[sid'adə du m'ɛʃiku]
Miami	Miami	[mɐj'ami]
Montreal	Montreal	[mõtri'al]
Moscú	Moscovo	[muʃk'ovu]
Munich	Munique	[mun'ikə]
Nairobi	Nairóbi	[najr'ɔbi]
Nápoles	Nápoles	[n'apuləʃ]
Niza	Nisa	[n'izɐ]
Nueva York	Nova York	[n'ɔvɐ j'ɔrk]
Oslo	Oslo	['ɔʒlou]
Ottawa	Ottawa	[ɔt'auɐ]
París	Paris	[pɐr'iʃ]
Pekín	Pequim	[pək'ĩ]
Praga	Praga	[pr'agɐ]
Río de Janeiro	Rio de Janeiro	[ʀ'iu də ʒɐn'ejru]
Roma	Roma	[ʀ'omɐ]
San Petersburgo	São Petersburgo	[s'ãu pətɛrʒb'urgu]
Seúl	Seul	[sɛ'ul]
Shanghái	Xangai	[ʃãg'aj]
Singapur	Singapura	[sĩgɐp'urɐ]
Sydney	Sydney	[s'idnej]
Taipei	Taipé	[tajp'ɛ]
Tokio	Tóquio	[t'ɔkiu]

Toronto	**Toronto**	[tur'õtu]
Varsovia	**Varsóvia**	[vɐrs'ɔviɐ]
Venecia	**Veneza**	[vən'ezɐ]
Viena	**Viena**	[vj'enɐ]
Washington	**Washington**	[w'eʃĩgton]

Made in the USA
San Bernardino, CA
02 July 2015